씨나 아줌마가 들려주는
아프리카 옛이야기

씨나 믈로페 글 | 레이첼 그리핀 그림 | 조선정 옮김
태천만(아프리카예술박물관 관장) 추천

북비

아프리카에는 옛이야기를 생생하게 들려주는 전통적인 문화가 있습니다. 다른 어떤 대륙보다도 사람들이 사용하는 언어의 수가 많은 이곳에서는 보통 사람들의 지혜를 담은 이야기들이 고대에서부터 입에서 입으로 전해져, 오늘날에도 여전히 사랑 받는 여러 이야기들의 뿌리가 되었어요. 이 이야기들은 천지창조에서부터 작은 동물들의 습성까지 모든 것을 소재로 합니다. 아프리카의 토속 이야기꾼들은 독특한 방식으로 이야기를 끌어 나가요. 이야기꾼들이 선창을 하면 준비된 독창자나 악기 연주자들 그리고 관객들까지 화답하며 동참하지요. 옛이야기를 듣고 들려주는 과정이 되풀이되면서 이야기는 생명을 얻어 새로 태어나게 된답니다. 여러분도 이 책에서 소개할 아프리카 옛이야기를 친구나 가족들에게 들려주면 어떨까요? 자, 이제 책장을 넘겨 놀라운 아프리카 이야기 속으로 멋진 여행을 시작해 봅시다. 각 나라의 이야기가 끝날 때마다 나오는 '코시 코시 이야펠라'는 "자, 이제 나의 이야기를 마치겠어요."라는 뜻으로, 줄루 족의 이야기꾼들이 이야기를 끝맺을 때 사용하는 전통적인 말이랍니다.

2009년 남아프리카 더반에서, 작가 씨나 믈로페

나는 다양한 자료와 나에게 큰 영향을 준 여러 경험에서 이 책의 그림에 대한 영감을 얻었답니다. 서아프리카로 떠난 여행에서, 부모님과 함께 말라위와 레소토가 있는 아프리카 동남부를 여행하면서, 영국의 아프리카 토산품 가게를 샅샅이 훑고 다니면서, 박물관과 도서관에서 수많은 시간을 보내면서 영감을 얻었지요. 그때마다 나는 아프리카를 생각나게 하는 귀중한 보물들을 수집했답니다. 선명한 색깔의 구슬 장식이나 독특한 천, 손으로 만든 종이들, 화려한 흙 단지, 아프리카 동물들의 사진과 아프리카 사람들의 일상을 담은 사진들도 모두 기념품이 되었지요.

나는 정말 즐거운 마음으로 이 책의 그림 작업을 했어요. 바람이 있다면 이 작품이 여러분에게 감동에 찬 눈으로 바라볼 수 있는 경이로운 그림 잔치가 되었으면 하는 것이에요. 또한 특이한 천, 구슬 장식, 종이, 다양한 색상을 사용하여 아프리카의 신비롭고 다채로운 모습을 여러분에게 잘 전달하려고 애썼답니다. 자, 이제 각 페이지마다 어떤 신기한 보물이 있는지 잘 살펴보면서 아프리카 여행을 즐기도록 해요.

2009년 영국에서, 삽화가 레이첼 그리핀

차 례

아프리카에 오신 것을 환영합니다! 4

나미비아
파도 소녀 놀완들 8

말라위
마코시와 마법의 뿔 18

레소토
마실로와 마실로냐나 형제 34

스와질란드
위대한 사냥꾼 46

세네갈
해풍 58

가나
아난세와 불가능한 임무 68

수단
지혜로운 어머니 이야기 78

에티오피아
모든 것은 변하고 또 지나간다 86

참고 자료 94

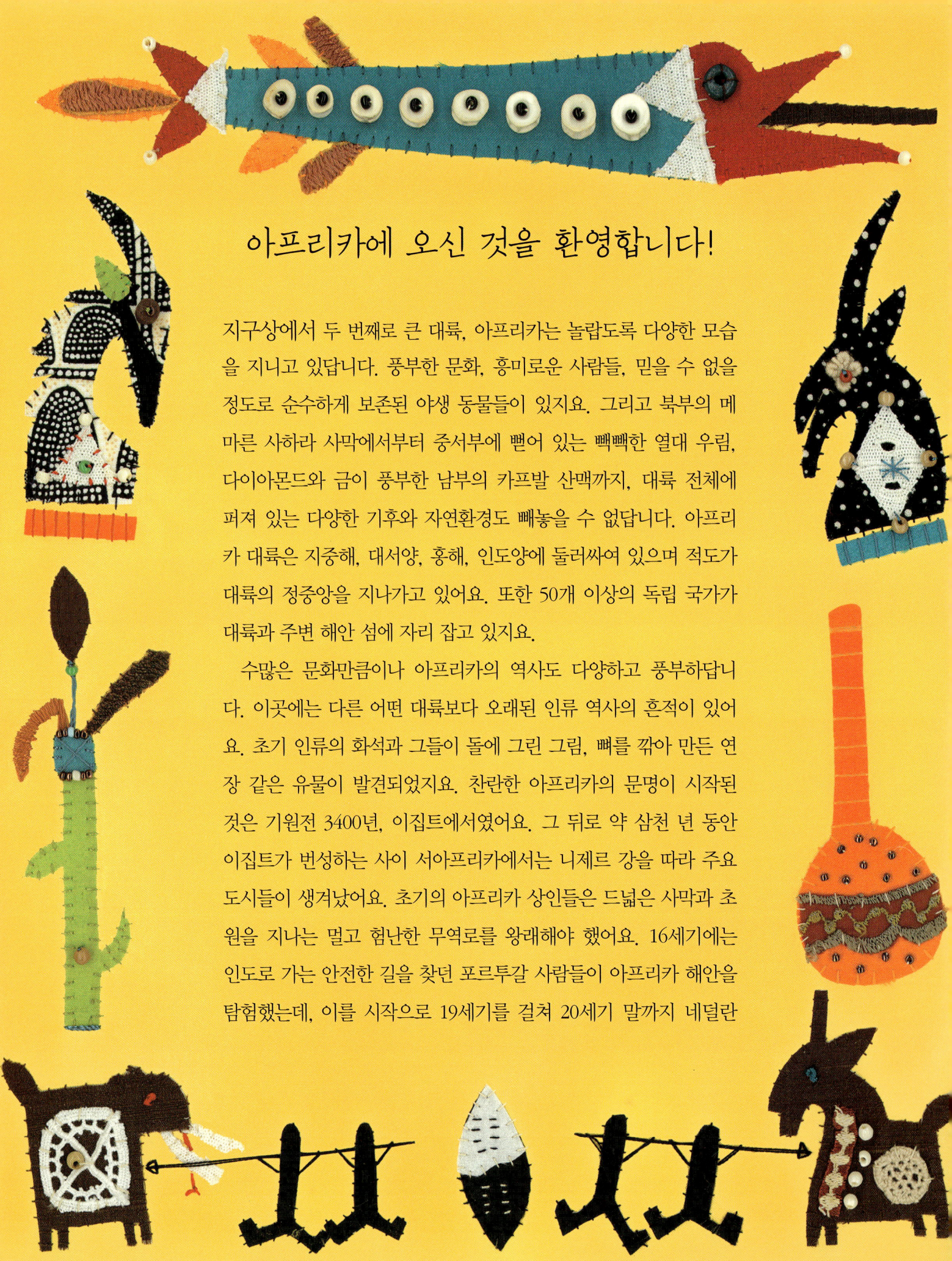

아프리카에 오신 것을 환영합니다!

지구상에서 두 번째로 큰 대륙, 아프리카는 놀랍도록 다양한 모습을 지니고 있답니다. 풍부한 문화, 흥미로운 사람들, 믿을 수 없을 정도로 순수하게 보존된 야생 동물들이 있지요. 그리고 북부의 메마른 사하라 사막에서부터 중서부에 뻗어 있는 빽빽한 열대 우림, 다이아몬드와 금이 풍부한 남부의 카프발 산맥까지, 대륙 전체에 퍼져 있는 다양한 기후와 자연환경도 빼놓을 수 없답니다. 아프리카 대륙은 지중해, 대서양, 홍해, 인도양에 둘러싸여 있으며 적도가 대륙의 정중앙을 지나가고 있어요. 또한 50개 이상의 독립 국가가 대륙과 주변 해안 섬에 자리 잡고 있지요.

수많은 문화만큼이나 아프리카의 역사도 다양하고 풍부하답니다. 이곳에는 다른 어떤 대륙보다 오래된 인류 역사의 흔적이 있어요. 초기 인류의 화석과 그들이 돌에 그린 그림, 뼈를 깎아 만든 연장 같은 유물이 발견되었지요. 찬란한 아프리카의 문명이 시작된 것은 기원전 3400년, 이집트에서였어요. 그 뒤로 약 삼천 년 동안 이집트가 번성하는 사이 서아프리카에서는 니제르 강을 따라 주요 도시들이 생겨났어요. 초기의 아프리카 상인들은 드넓은 사막과 초원을 지나는 멀고 험난한 무역로를 왕래해야 했어요. 16세기에는 인도로 가는 안전한 길을 찾던 포르투갈 사람들이 아프리카 해안을 탐험했는데, 이를 시작으로 19세기를 걸쳐 20세기 말까지 네덜란

드, 프랑스, 영국 등에서 많은 사람들이 아프리카 대륙으로 왔답니다. 하지만 유럽 사람들은 아프리카에 정착하면서 원주민들을 배려하지 않는 국경선을 긋고, 유럽 법에 따르는 식민지로 만들어 버렸지요.

아프리카의 '독립의 10년'으로 일컫는 1960년대에는 대부분의 국가들이 식민 제도에서 벗어나 자주적 통치를 시작했어요. 이로써 각 나라는 새로이 얻은 자유로운 분위기에서 고유의 문화를 맘껏 탐구하였고, 그 결과 예술과 문화가 꽃을 피우게 되었지요.

오늘날의 아프리카를 살펴보면 고대 피라미드 옆에 현대적인 건물이 들어서고, 구릉지를 따라 관광객들이 사파리를 즐기며, 큰 도시와 더불어 작은 마을들도 조금씩 살아나고 있답니다. 세상에 다른 모든 나라처럼 아프리카 사람들도 가난, 내전, 가뭄, 질병과 같은 많은 어려움에 처해 있어요. 하지만 조상으로부터 내려오는 아름다운 문화 안에서 가족과 사회가 서로를 지탱하며 기꺼이 그리고 또 강인하게 버텨 내고 있지요. 동서남북으로 엄청나게 다양한 모습을 지닌 아프리카 대륙은 지구의 다른 어느 곳보다 흥미로운 곳이랍니다.

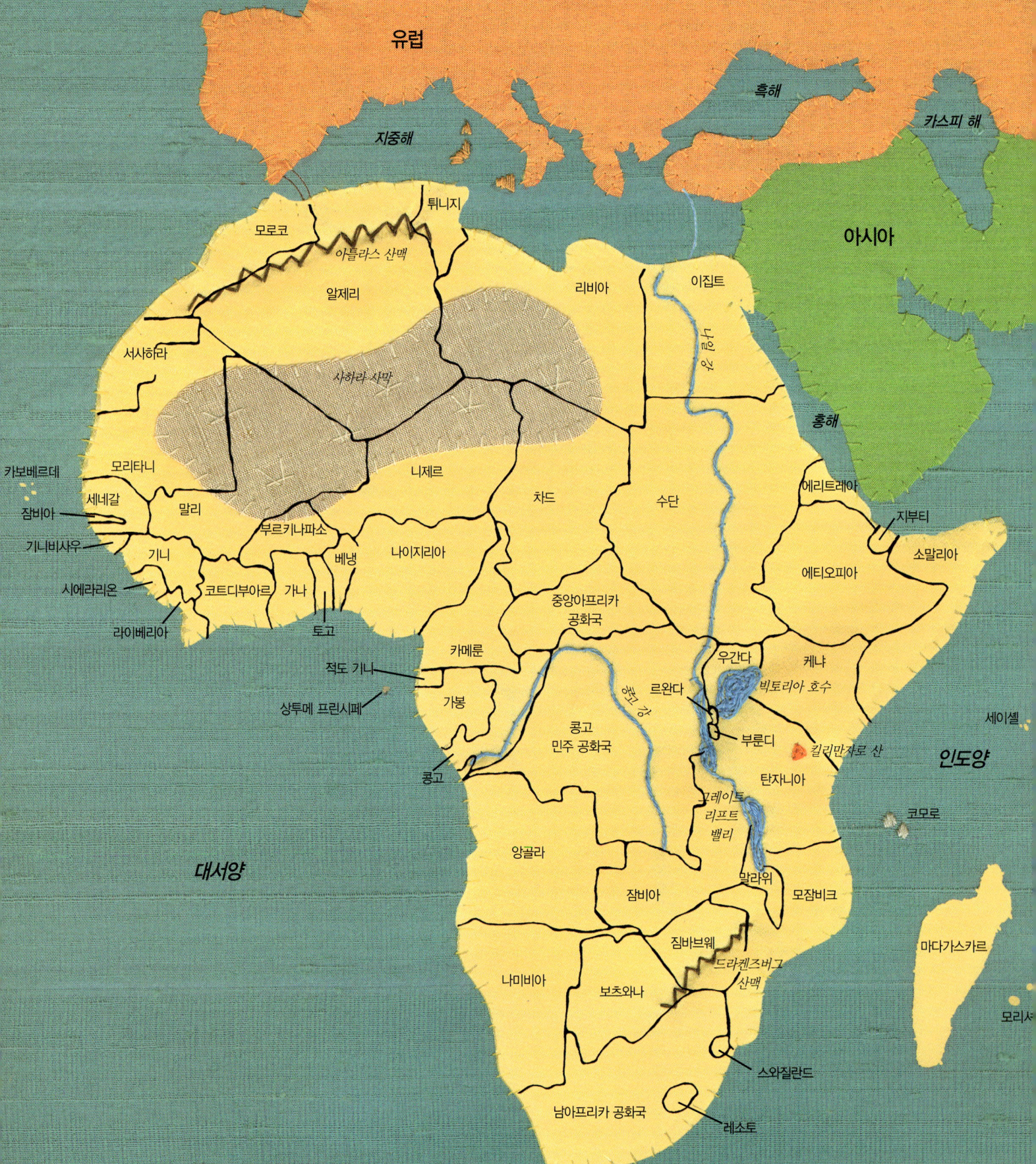

* 지질학적으로 아프리카는 지구상에서 가장 오래된 대륙이랍니다. 최초의 인류가 수백만 년 전에 이곳에서 진화하였지요.

* 세계에서 가장 큰 사막인 사하라 사막이 아프리카 대륙의 1/4을 차지하고 있어요.

* 6,600킬로미터 이상으로 세계에서 가장 긴 강인 나일 강은 아프리카 대륙 중심에서 시작해 지중해로 흘러들어 간답니다.

* 아프리카에서 가장 높은 산은 아프리카 대륙 동쪽의 산악 지대에 있는 눈 덮인 킬리만자로 산이랍니다.

* 세상에서 가장 다양한 야생 동물이 아프리카 대륙에 살고 있어요. 여우원숭이, 영양, 누, 하이에나 같은 야생 동물들의 가장 큰 서식지입니다.

* 이집트의 도시 기자에 있는 피라미드는 세계 7대 불가사의 가운데 하나이며 피라미드 중에서도 가장 큰 것이지요.

* 아프리카의 대표적인 미술품과 공예품은 종교 의식에 사용되었던 가면과 작은 조각상으로 대체로 나무로 만들어졌어요.

* 아프리카 음악에 많이 사용되는 악기로는 북, 실로폰, 방울, 딱딱이, 대나무 피리, 상아로 만든 나팔 등이 있어요. 유럽의 음악이 화성을 중심으로 발달했다면 아프리카의 음악은 리듬을 중심으로 발달했기 때문에 세상에서 가장 정교한 타악기 리듬을 자랑하지요.

나미비아

나미비아는 북쪽으로 앙골라와 잠비아, 남쪽으로 남아프리카 공화국, 동쪽으로 보츠와나 그리고 서쪽으로 차디찬 대서양을 접하고 있는 나라입니다. 나미비아는 동서남북이 모두 매우 다른 특색을 지니며 자연환경이 뚜렷이 구별되는 다섯 개의 지역으로 나누어져 있어요. 흙먼지가 많이 날리는 칼라하리 사막과 나라 이름이 유래된 나미브 사막이 있는 사막 지역과 모래 언덕과 바위가 많은 지역, 메마른 초원 지대와 덤불이 많은 수목 지역, 숲이 무성한 지역이 그것입니다.

이처럼 환경이 척박할 뿐 아니라 대부분의 지역에서 물이 부족하기 때문에 나미비아에 사는 사람들의 수는 그리 많지 않아요. 그럼에도 불구하고 오밤보, 카방고, 캡리비안스, 헤레로, 힘바, 다마라, 나마, 톱나알스, 츠와나, 산 등 열 개의 부족이 이곳에 살고 있지요. 산 족은 수렵과 채집을 하는 유목민으로, 전통적인 민간요법으로 병을 치료한답니다. 산 족의 여인들은 여러 질병을 치료하는 데 필요한 약초를 재배하고 말리는 역할을 하지요. 다음에 소개할 이야기의 주인공 놀완이 양부모에게 배운 것처럼 말이에요.

* 나미비아에 있는 피시리버캐니언은 아프리카 대륙에서도 가장 빼어난 자연 경관 중의 하나지요. 아프리카에서 첫 번째, 세계에서 두 번째로 큰 이 협곡은 길이가 163킬로미터, 너비는 30킬로미터, 깊이는 541미터에 이른답니다.

* 이웃 나라로부터 나미비아로 흘러드는 강을 제외하면 다른 강들은 모두 메말라 있어요. 우기가 되면 물이 흐르지만 이것도 며칠뿐이고, 단 몇 시간 동안 흐르고 말라 버릴 때도 있답니다.

* 나미브 사막은 팔백만 년 동안 존재한 그야말로 세상에서 가장 오래된 사막으로 알려져 있어요. 이 사막에는 '모래 바다'라고 불리는 거대한 지역이 있는데, 세상에서 가장 높은 모래 언덕들이 이리저리 옮겨 다니고 있답니다.

* 고대인들이 남긴 가장 오래된 암석 그림과 조각들이 나미비아에서 발견되었어요. 나미비아 남동쪽에 위치한 훈스 산맥의 아폴로11 동굴에는 동물 형상이 그려진 7개의 바위 조각들이 있어요. 이것들은 산 족의 조상들이 남긴 것이라 해요.

* 나미비아에는 '호바'라고 불리는 세상에서 가장 큰 운석이 있어요. 과학자들은 무게가 60톤이나 되는 이 운석이 약 8만 년 전에 지구에 떨어졌을 거라고 생각한답니다.

파도 소녀 놀완들

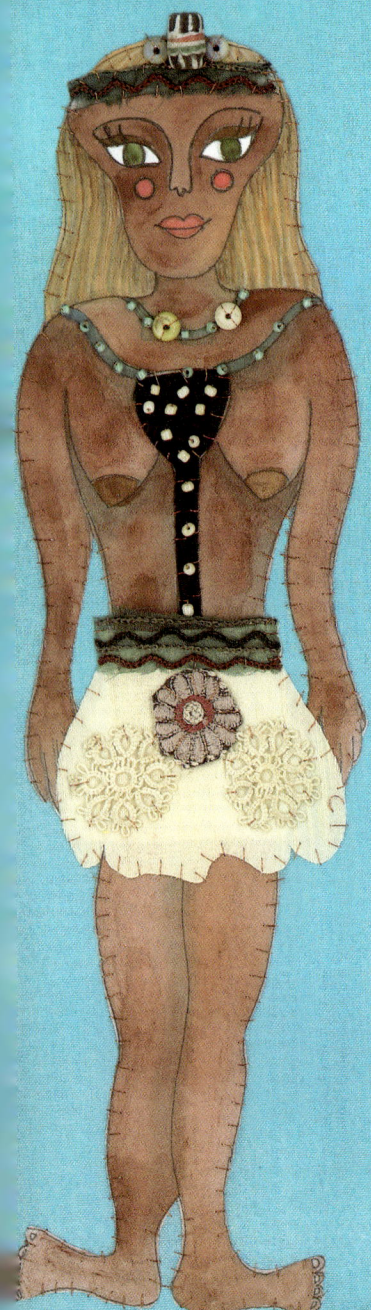

옛날 옛적에 '스카이'라는 어린 소녀가 깊은 산속에서 부모님과 살고 있었어요. 우기가 시작되면 스카이는 산자락에 있는 강가에 앉아 물소리에 귀를 기울이며 힘차게 바다로 흘러가는 강물의 모습에 푹 빠져 있곤 했지요. 스카이는 단 한 번도 바다를 본 적이 없지만 언젠가는 볼 수 있을 것이라는 희망을 간직하고 있었어요. 마을 사람들도 스카이의 가장 큰 소원이 바닷가에 사는 것임을 알 정도였지요.

세월이 흘러 스카이는 어여쁜 처녀가 되었답니다. 많은 청년들이 스카이와 결혼하고 싶어 했지만 아무도 소원을 이루지 못했어요. 바다 가까운 곳에서 태어난 사람만이 스카이와 결혼할 수 있었지요. 드디어 오랫동안 기다린 보람이 있었어요. 산에서 길을 잃은 한 청년을 만났는데 알고 보니 바닷가 마을에서 온 사람이었던 거예요.

두 사람은 첫눈에 반해 사랑에 빠졌고 스카이의 마을에서 결혼식을 올린 뒤 청년의 고향인 어촌으로 가서 살았어요. 스카이는 항상 꿈꿔 왔던 것처럼 바다를 너무

사랑하게 되었답니다. 스카이는 이런 좋은 선물을 주신 조상님께 감사의 기도를 올렸지요.

하지만 스카이의 시어머니는 그녀와 어울리려고 하지 않았어요. 시어머니는 스카이가 산골 마을의 남자와 결혼했어야 한다고 생각했어요. 낯선 환경에 적응하려 애쓰는 스카이를 도와주기는커녕, 새로 태어난 예쁜 손녀에게도 눈길조차 주지 않았답니다.

스카이는 하는 수 없이 밭일을 할 때도, 염소를 거둘 때도 항상 어린 딸을 데리고 다녀야 했어요. 뙤약볕 아래서 일을 하다가 더위에 지치면 스카이는 바닷가로 내려갔어요. 그리고 해변에 서서 파도에게 자신이 일하는 동안 아기를 돌봐 달라고 부탁하는 노래를 불렀어요. 신기하게도 그녀가 노래를 하면 파도가 얼른 다가와 아이를 받아 갔지요. 스카이는 딸을 파도 소녀, 놀완들이라고 불렀어요. 그리고 날마다 이런 노래를 불렀답니다.

"바다의 파도들아, 우리 아이를 데려왔다.
내가 일하는 동안 우리 아이 좀 돌봐 주렴."

스카이는 어린 딸 놀완들을 매일 파도에 맡겨 놓았어요. 그리고 일이 모두 끝나면 바닷가로 돌아와 이번에는 딸을 찾는 노래를 불렀지요. 파도가 딸

나미비아

을 데려오면 모녀는 함께 집으로 돌아갔어요. 놀완들은 세 살이 될 때까지 이렇게 매일 파도와 시간을 보냈답니다.

그런데 서늘한 바람이 부는 어느 가을날 아침, 파도와 놀고 있던 놀완들이 그만 해변으로부터 멀리멀리 떠내려가 버렸어요. 오후가 되어 일을 마친 엄마가 바다로 와 딸을 찾았지만 놀완들은 어디에도 보이지 않았지요.

당황한 엄마는 노래를 부르며 미친 듯이 해변을 뛰어다녔어요. 놀완들이 영영 사라진 것을 깨달은 엄마는 결국 백사장 위에 정신을 잃고 쓰러졌어요. 저녁 때가 다 돼서야 바닷가로 온 아빠가 엄마를 발견할 수 있었지요. 딸이 사라진 것을 알고 엄마와 아빠는 커다란 상심에 빠졌어요. 놀완들이 물에 빠져 죽었을 것이라는 끔찍한 생각에 눈물만 흘렸어요.

하지만 죽은 줄 알았던 놀완들은 사실 무사했답니다. 바다가 평소에 놀던 바닷가에서 몇 시간 떨어진 어느 섬으로 놀완들을 데려다 놓았던 거예요. 마침 자식이 없는 한 부부가 해변에서 해초를 줍다가 놀완들을 발견하고 집으로 데려왔어요. 사실 그 부부는 평범한 부부가 아니었답니다. 두 사람 모두 마을에서 매우 존경 받는 유명한 치료사였지요. 양부모가 된 이들은 파도에 밀려온 어린 아이를 거두어 친자식처럼 사랑으로 키웠어요. 그들도 아이에게 놀완들이라는 이름을 붙여 주었답니다.

파도 소녀 놀완들

작은 섬마을에서 어린 소녀는 행복하게 지냈어요. 그리고 양부모가 치료할 때 쓰는 약초에 대해 많은 것을 배웠어요. 양부모는 나이가 들면서 딸을 더욱 더 믿고 의지했어요. 놀완들은 매일같이 양부모가 치료해야 할 환자들에게 쓸 약초를 구하러 다녔답니다. 놀완들이 일을 무척 빨리 배웠기 때문에, 그녀가 열다섯 살이 되자 양부모는 더 이상 가르쳐 줄 것이 없었지요.

바람이 몹시 불던 어느 날 밤, 양부모는 죽을 때가 가까워진 것을 느끼고 놀완들에게 조용히 말했어요.

"사랑하는 딸아, 우리가 세상을 떠나 조상님들께 갈 날이 멀지 않았구나. 우리는 이제 네가 친부모를 찾아 떠났으면 좋겠단다."

놀완들이 흐느끼며 말했어요.

"하지만 전 엄마 아빠와 함께 사는 지금이 행복한걸요! 그리고 제가 어디서 왔는지도 모르는데 어떻게 친부모님을 찾을 수 있겠어요?"

"아가야, 너를 이곳으로 데려온 바다의 힘을 믿어 보아라. 이곳까지 무사히 왔잖니. 돌아갈 때도 아무 일 없을 거야. 바다에게 고향으로 보내 달라고 부탁하고 네 몸을 맡기거라."

그날 밤 놀완들의 가족은 잠들 수 없었어요. 세 사람은 주술가들이 죽은 혼령과 대화할 때 부르는 노래를 불렀어요. 그리고 동이 트기 한 시간 전에 바닷가로 나와 손을 잡고 해가 뜨기를 기다렸지요. 드디어 하늘을 붉게 물들이며 해가 솟아오르고, 새들이 새날을 노래했어요.

파도 소녀 놀완들

놀완들은 약초를 잔뜩 넣은 커다란 자루를 들고, 양부모에게 배운 지식을 되새기며 용감하게 바다로 들어갔어요. 그러자 마술처럼 파도가 놀완들을 가볍게 품고 순식간에 섬을 떠났답니다. 놀완들은 사랑하는 양부모와 헤어져 사는 것을 상상할 수도 없었지만, 이제는 앞일만 생각하기로 결심했어요. 바다에게 자신을 고향으로 데려가 달라며 부탁하고 놀완들은 파도에 몸을 맡겼답니다.

바다는 차갑고 험했지요. 놀완들은 약초 자루를 잃어버리지 않으려 애를 썼어요. 어디로 가는지, 언제쯤 육지에 닿을지 아무것도 알 수 없었어요. 파도는 그저 넓은 바다 위에서 그녀를 이리저리 옮길 뿐이었어요. 결국 놀완들은 바다의 힘을 믿기로 했어요. 마음속의 두려움을 지우자 평화로운 기분이 찾아들었어요. 약초 자루를 베고 누운 놀완들은 눈을 감자마자 스르르 깊은 잠에 빠졌답니다.

하늘이 어둑어둑해질 무렵 놀완들은 어느 해변에 도착했어요. 가까운 곳에서 아이들이 즐겁게 물놀이를 하고 있었어요. 놀완들은 아이들에게 다가가 혹시 놀완들이라는 이름을 들어 본 적이 있냐고 물어보았지요.

"아, 어른들이 자주 말씀하시던 그 아기 말이지요?"

한 남자아이가 물었어요.

"어른들이 뭐라 말씀하셨는데?"

"못 들어 보셨어요? 아기 엄마가 일을 하는데 아기를 돌봐 줄 사람

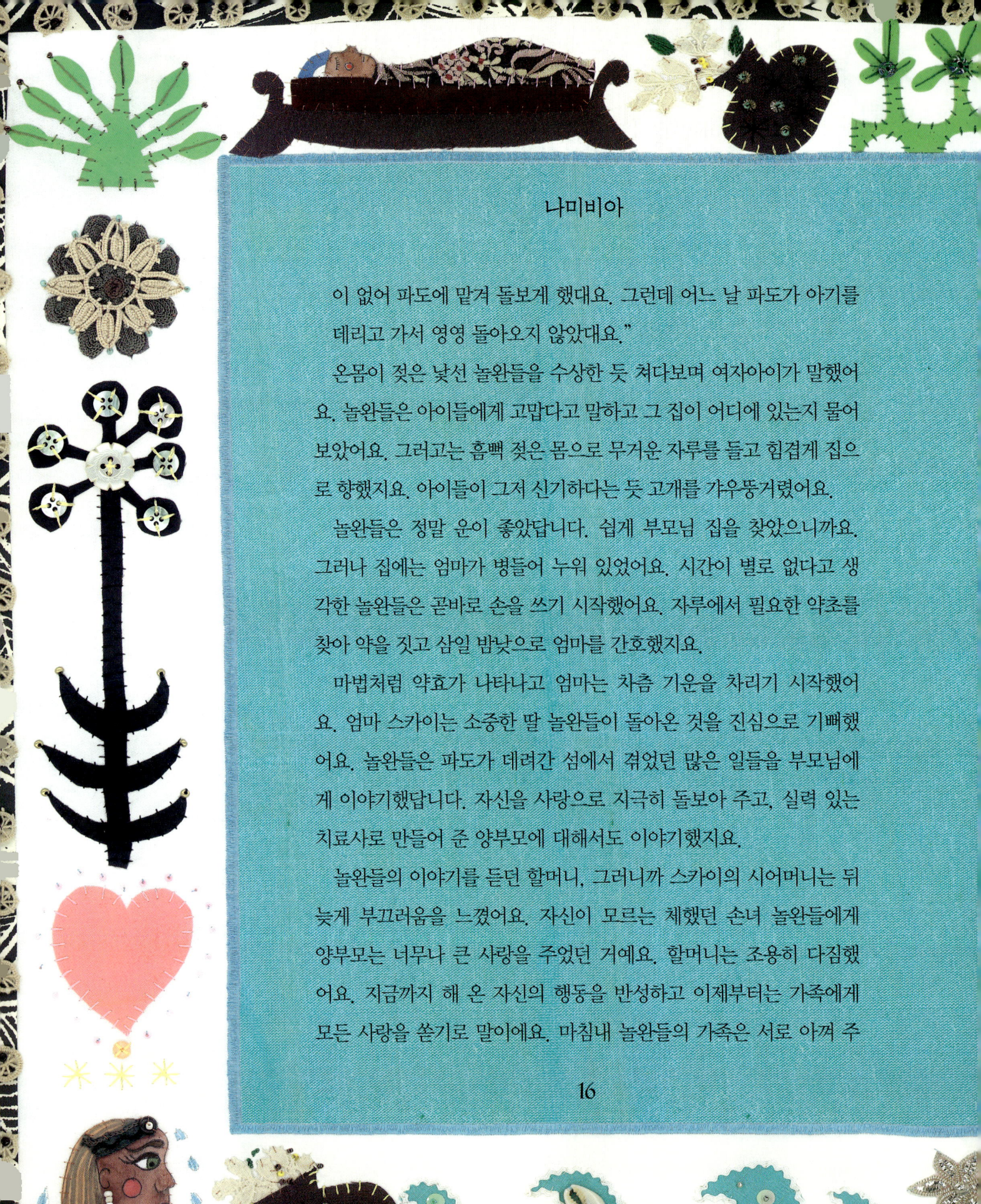

나미비아

이 없어 파도에 맡겨 돌보게 했대요. 그런데 어느 날 파도가 아기를 데리고 가서 영영 돌아오지 않았대요."

온몸이 젖은 낯선 놀완들을 수상한 듯 쳐다보며 여자아이가 말했어요. 놀완들은 아이들에게 고맙다고 말하고 그 집이 어디에 있는지 물어보았어요. 그러고는 흠뻑 젖은 몸으로 무거운 자루를 들고 힘겹게 집으로 향했지요. 아이들이 그저 신기하다는 듯 고개를 갸우뚱거렸어요.

놀완들은 정말 운이 좋았답니다. 쉽게 부모님 집을 찾았으니까요. 그러나 집에는 엄마가 병들어 누워 있었어요. 시간이 별로 없다고 생각한 놀완들은 곧바로 손을 쓰기 시작했어요. 자루에서 필요한 약초를 찾아 약을 짓고 삼일 밤낮으로 엄마를 간호했지요.

마법처럼 약효가 나타나고 엄마는 차츰 기운을 차리기 시작했어요. 엄마 스카이는 소중한 딸 놀완들이 돌아온 것을 진심으로 기뻐했어요. 놀완들은 파도가 데려간 섬에서 겪었던 많은 일들을 부모님에게 이야기했답니다. 자신을 사랑으로 지극히 돌보아 주고, 실력 있는 치료사로 만들어 준 양부모에 대해서도 이야기했지요.

놀완들의 이야기를 듣던 할머니, 그러니까 스카이의 시어머니는 뒤늦게 부끄러움을 느꼈어요. 자신이 모르는 체했던 손녀 놀완들에게 양부모는 너무나 큰 사랑을 주었던 거예요. 할머니는 조용히 다짐했어요. 지금까지 해 온 자신의 행동을 반성하고 이제부터는 가족에게 모든 사랑을 쏟기로 말이에요. 마침내 놀완들의 가족은 서로 아껴 주

파도 소녀 놀완들

며 살아가는 행복한 가족이 되었어요.

  오래도록 놀완들은 약초를 써서 방방곡곡에서 찾아온 많은 환자들의 병을 고쳐 주었어요. 놀완들의 치료법은 그 뒤에도 계속 이어져 내려왔고, 치료사로서의 명성은 지금도 여전하답니다.

  코시 코시 이야펠라

말라위

말라위는 아프리카 대륙 남동쪽에 있는 길쭉하게 생긴 작은 나라예요. 말라위가 '따뜻한 아프리카의 가슴'이라 불리는 이유는 국민들의 친절한 성품 때문이지요. 잠비아와 모잠비크, 탄자니아에 꽁꽁 둘러싸여 있고 그레이트 리프트 밸리 안에 있어요. 아열대 기후에 속하는 말라위는 11월부터 4월까지가 비가 오는 우기이며, 나머지 기간 동안에는 거의 비 한 방울 오지 않는 건기랍니다. 다음에 소개할 이야기의 주인공 마코시가 겪은 것과 같은 지독한 가뭄이 건기 동안에 찾아오곤 하지요.

춤과 음악은 말라위 문화에서 빼놓을 수 없는 기본 요소예요. 가스펠 성가, 레게, 힙합, 크웰라 등이 말라위에서 인기 있는 음악 장르이지요. 말라위의 여러 부족 가운데 특히 체와 족이 춤과 음악을 매우 사랑한답니다. 말라위에서 가장 오래된 춤의 하나인 '굴레 왐쿨루'는 종교 의식과 같은 특별한 의식에 공연 되던 춤이에요. 남자 무용수들이 야생 동물 모양의 탈이나 죽음의 혼령 탈을 쓰고 서로 다른 악마 역할을 하며 관객들에게 선악과 삶의 가치 등을 가르쳐 주지요. 마코시가 마법의 뿔에게 불러 준 노래처럼 말라위 사람들에게 음악은 단순히 흥을 돋우는 놀이 이상의 의미가 있답니다.

* 종교 의식에 사용되는 노래는 말라위 사람들에게 매우 인기가 있어 종교적인 행사뿐 아니라 일상생활에서도 자주 불립니다. 대부분 반주가 없이 아카펠라로 부르거나 북장단만 곁들이는 정도지요.

* '카삼브웨 브라더스'라는 말라위의 음악 그룹은 손으로 만든 기타와 드럼, 나뭇가지, 병뚜껑을 모아 줄에 엮은 것, 낡은 자전거 부품과 같은 특이한 소재의 타악기를 사용하는 것으로 유명하답니다.

* 앞에서 말한 '크웰라'는 재즈와 비슷한 장르의 길거리 음악이에요. 말라위에서 1960년대에 큰 인기를 얻어, 말라위 전통 음악이 발달하는 데 중요한 역할을 하였지요. 크웰라는 줄루 족 언어로 '일어서다'라는 뜻이에요. 여러분도 이 음악을 듣는다면 이름처럼 바로 일어서게 될 거예요.

* 말라위 곳곳에는 삼만 명의 민간요법 치료사가 있답니다. 시골에 사는 대부분의 말라위 사람들은 가벼운 질병 정도는 그들만의 민간요법으로 치료하고 있지요.

* 다음에 소개할 이야기에 등장하는 마코시의 삼촌과 같은 주술사들은 특별한 종류의 나무를 태워 구름을 움직이고 비를 부르는 의식을 거행하기도 합니다.

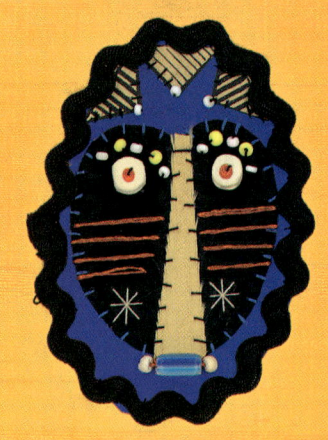

마코시와 마법의 뿔

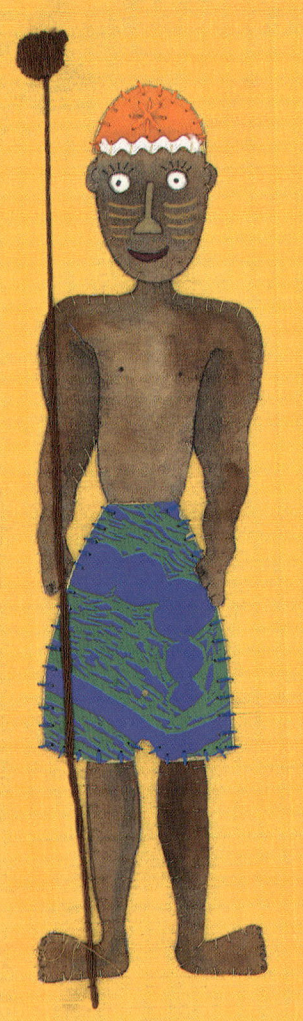

옛날 옛적에 세상이 생긴 지 얼마 되지 않아서 마법 같은 일들이 요즘보다 더 자주 일어나곤 했을 때 '마코시'라는 이름의 한 소년이 살았어요. 잘생기고 성실한 마코시는 부모님의 큰 자랑이었고, 집안의 많은 가축을 돌보는 믿음직한 아들이었어요. 그의 친구들도 대부분 가축 돌보는 일을 하였지요. 소년들은 가축들에게 좋은 풀을 먹이려고 하루 종일 밖에서 지냈답니다.

우기가 되면 풀이 무성해지기 때문에 소년들은 가축을 풀어 놓고 이야기하며 놀 여유가 있었어요. 때로는 서로의 꿈을 이야기하며 시골 풍경을 즐기기도 했지요. 하지만 건기가 되면 목초지를 찾아 멀리 걸어가야만 했어요. 대부분의 소년들은 이 일을 매우 싫어했지만 마코시는 달랐어요. 새로운 곳을 탐험하고 낯선 사람들을 만나 그들의 이야기를 듣고 새로운 풍습도 배울 수 있는 멋진 모험이라고 여겼답니다.

곧 마코시에게 오래도록 마을을 떠나 진짜 모험을 할 수 있는 기회가 찾아왔어요. 가뭄이 계속되자 땅이 메마르고 사람들이 알 수 없는 병을 앓기 시작한 거예요.

아픈 사람들과 가축들이 점점 늘어나자 마을은 공포에 휩싸였어요. 이 병에 걸리면 처음에는 어지럽다가 점점 근육에 힘이 풀리고 눈꺼풀조차 무겁게 느껴져 눈을 못 뜨는 지경에 이르렀지요. 또 한 번 주저앉은 동물들은 그 자리에서 일어나지 못했어요. 오랜 시간 앉아 있는 바람에 뱃속의 송아지를 잃은 어미소의 슬픈 울음소리는 차마 듣기 힘들 정도였지요. 마을 사람들이 가장 신통하다는 주술사와 치료사를 불렀지만 아무 소용이 없었답니다.

그러던 어느 날, 마코시의 부모님마저 병이 들었습니다. 그는 슬프고 두려워, 가축을 돌보러 가야 할지 부모님을 간호해야 할지 머리가 혼란스러울 지경이었어요.

"아, 삼촌이 여기 계시다면 얼마나 좋을까? 삼촌이라면 어떻게 해야 할지 잘 아실 텐데."

저녁녘이 되자 마코시가 한숨을 쉬며 혼잣말을 했어요. 마코시의 부모님이 그 말을 들었어요.

"아들아, 이제 중요한 결정을 내려야 할 때인 것 같구나. 이리 와서 옆에 앉아 보아라."

어머니의 말에 마코시가 놀라 물었어요.

"어머니, 제 말을 들었어요? 저 때문에 깨셨다면 미안해요."

"괜찮다. 잠이 든 게 아니었어. 도저히 눈이 떠지질 않는구나. 잘 들어라, 마코시."

어머니가 계속 말했어요.

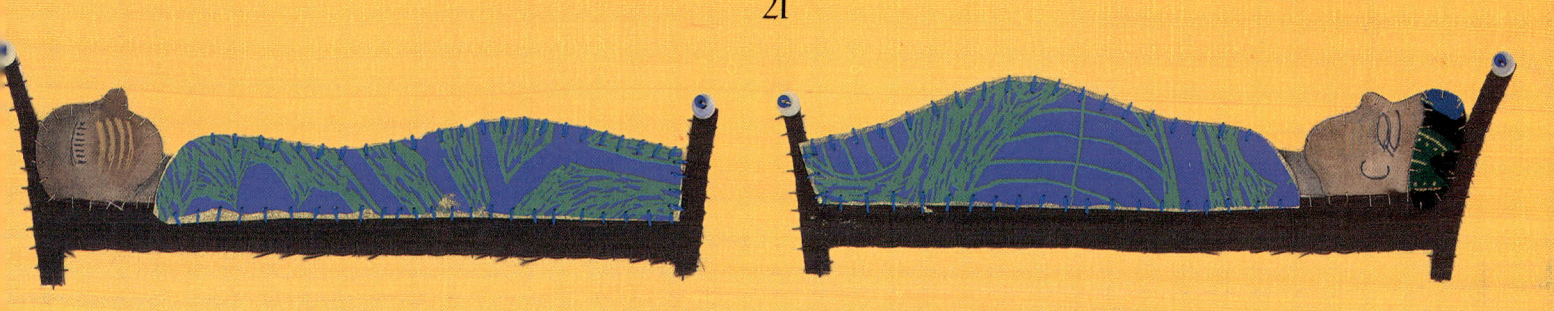

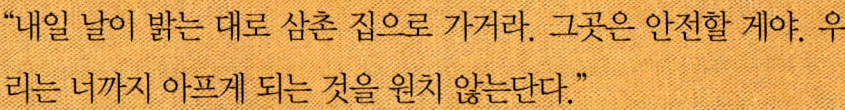

말라위

"내일 날이 밝는 대로 삼촌 집으로 가거라. 그곳은 안전할 게야. 우리는 너까지 아프게 되는 것을 원치 않는단다."
"하지만 어머니, 제가 없으면 누가 두 분을 돌보나요? 제가 얼른 가서 삼촌을 모시고 돌아오겠어요."
 마코시는 부모님만 남겨둔 채 떠나야 하는 것이 무척 걱정스러웠어요. 그러나 한편으로는 지금까지 다른 주술사들은 실패했지만 삼촌이라면 해낼 수 있을 것 같았답니다.
"마코시, 흰 소를 타고 가거라."
아버지가 마코시의 손을 굳게 잡으며 말했어요.
"흰 소를 타고 가면 꼬박 하루면 도착할 수 있을 게다. 그 소는 매우 특별하니까 여행 중에 무슨 일이 생긴다 해도 너를 보호해 줄 거야. 가서 삼촌을 만나 모든 사정을 이야기하렴. 삼촌이 해결 방법을 꼭 찾아낼 거다."
"하지만 그동안 아버지와 어머니는 누가 돌보고요?"
"비록 내 눈이 감겨 있지만 몇 주 내로 비가 올 것 같은 예감이 드는구나. 그리고 난 아직 세상을 떠날 생각이 없는데, 여보 당신은 어떻소?"
인자한 웃음이 묻어나는 목소리로 아버지가 어머니에게 물었어요.
"당신도 참, 내가 죽으면 당신 어쩌려고요."
어머니도 마치 이 모든 상황이 별일 아니라는 듯 밝게 웃으며 대답

마코시와 마법의 뿔

했어요. 하지만 마코시는 두 분이 아들에게 약한 모습을 보이지 않으려고 애쓰고 있다는 것을 알 수 있었어요.

"좋아요. 그럼 다녀올게요."

결심한 듯 마코시가 말했어요.

다음 날, 동이 트기도 전에 마코시와 흰 소는 벌써 집에서 멀리 가 있었어요. 흰 소는 갈 길을 잘 아는 듯 조용하지만 빠른 속도로 움직였어요. 몇 시간이고 뜨거운 태양 아래 바람을 맞으며 걸었지만 흰 소는 흔들림이 없었답니다. 그들이 지나는 곳마다 보이는 것은 슬픈 광경뿐이었어요. 물이 말라 버린 우물가에는 죽은 동물들의 뼈가 뒹굴고 있었고, 먹이를 노리는 독수리들이 하늘 위를 원을 그리며 날고 있었어요. 마코시와 흰 소를 발견한 독수리들이 한참을 따라오다가 포기하고 돌아가 버리기도 했어요.

독수리도 날아가 버리고 다시 먼 산을 향해 걸음을 옮길 때였어요. 마코시는 흰 소가 지쳤다는 것을 느꼈어요. 그래서 둘은 잎이 말라 그늘 한 점 없는 나무 밑에서 쉬어 가기로 했어요. 마코시는 말린 고기 조각과 빵으로 허기를 달래고 흰 소와 물을 나눠 마셨어요.

식사 후 둘은 함께 누워 꿀맛 같은 휴식을 취했지요. 한두 시간쯤 잠을 잤을까, 갑자기 땅을 흔드는 요란한 발굽 소리에 마코시는 자리를 박차고 일어나 주위를 살폈어요. 한 무리의 물소 떼가 그들 앞을 지나쳐서 어딘가를 향해 열심히 달려가고 있었어요. 마코시는 물소들

말라위

이 가까운 곳에서 물 냄새를 맡은 것이라 생각했어요. 그래서 얼른 흰 소 등에 올라 따라가려는데, 갑자기 물소 떼가 멈춰 서더니 방향을 돌려 마코시 쪽으로 돌진해 오기 시작했어요.

바로 그때 신기한 일이 일어났어요. 흰 소가 말을 하지 않겠어요?

"두려워하지 마세요. 내가 저 물소들과 싸워 당신을 지킬 것입니다. 하지만 물소들은 매우 힘이 세기 때문에 결국 저를 죽일 거예요. 제가 죽거든 머리의 뿔을 잘라서 몸에 지니고 계속해서 삼촌 댁으로 가세요. 그리고 필요할 때마다 뿔에게 노래를 불러 주고 도움을 청하세요. 이 뿔은 마법의 뿔입니다."

"그럼, 이 마법의 뿔로 저 물소들을 무찌르면 되잖아?"

놀란 마코시가 울먹이며 물었어요. 하지만 대답을 들을 틈도 없이 물소 떼는 코앞으로 다가왔고, 마코시는 얼른 나무 위로 도망가야 했답니다.

흰 소는 물소를 맞아 한참을 싸웠지만 결국 땅에 쓰러져 움직이지 못했어요. 떠나는 물소 떼 뒤에서 마지막 길고 슬픈 울음소리를 뱉어 낼 뿐이었지요. 슬픔에 빠진 마코시는 천천히 나무에서 내려와 죽은 흰 소를 어루만졌어요. 그리고 한참이 지나서 마음이 가라앉은 뒤 소의 뿔을 어렵게 잘라 낼 수 있었지요. 마코시가 뿔을 주머니에 넣자마자 거대한 회오리바람이 일더니 흰 소를 안고 사라져 버렸답니다.

그렇게 순식간에 모든 일이 끝나 버렸어요. 한참을 우두커니 서 있던 마코시는 삼촌 집을 향해 천천히 발걸음을 옮겼어요.

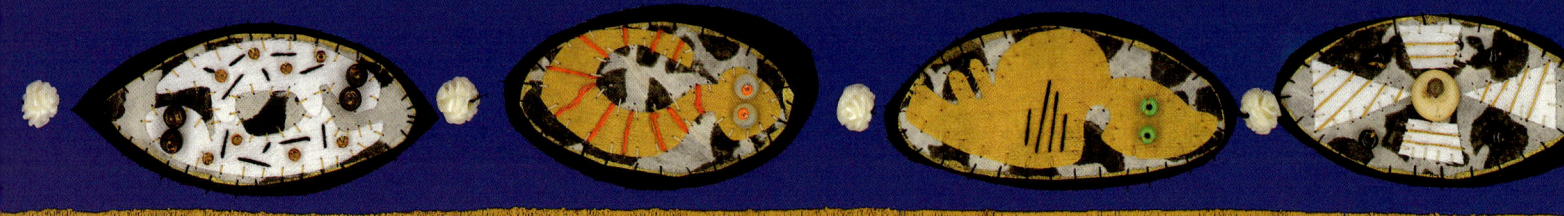

말라위

날이 저물자 마코시는 완전히 지쳐 버렸어요. 마코시는 잠을 잘 수 있는 오두막을 찾아 마을로 들어섰어요. 마을은 외진 곳에 있었지만 다행히도 장작이 타고 있는 작은 오두막이 있었답니다. 한 할머니가 문가에 서 있었어요.

"안녕하세요, 할머니?"

"오냐, 그런데 너는 어디로 가는 길인고?"

"저희 삼촌 댁으로 가는 길이에요. 저희 마을 사람들과 가축이 가뭄 때문에 모두 굶고 있거든요. 여기서 오늘 하룻밤만 묵어가도 될까요?"

"잠잘 곳은 있다만 먹을 것이 없구나. 여기도 살기가 힘들기는 마찬가지지."

할머니도 마코시처럼 가난한 형편이었지만 진심으로 마코시를 반겨 주었어요. 마코시는 고향을 덮친 지독한 가뭄과 가족 이야기를 잠시 한 뒤에 뿔을 꺼내 손뼉을 치며 노래를 불렀어요.

"오, 나의 뿔아. 흰 소가 남긴 나의 뿔아.
오, 나의 뿔아. 우리에게 먹을 것을 다오."

마법의 뿔이 소원을 이루어 주었어요. 나무 그릇마다 따끈한 양고기와 빵, 감자와 신선한 시금치, 우유와 같은 음식들이 가득 채워졌어요. 두 사람은 음식을 나눠 먹고 오랜만에 부른 배를 안고 깊은 잠에 빠져들었지요.

아침이 되자 마코시는 다시 한 번 뿔을 쥐고 노래를 불러 진수성찬을 차

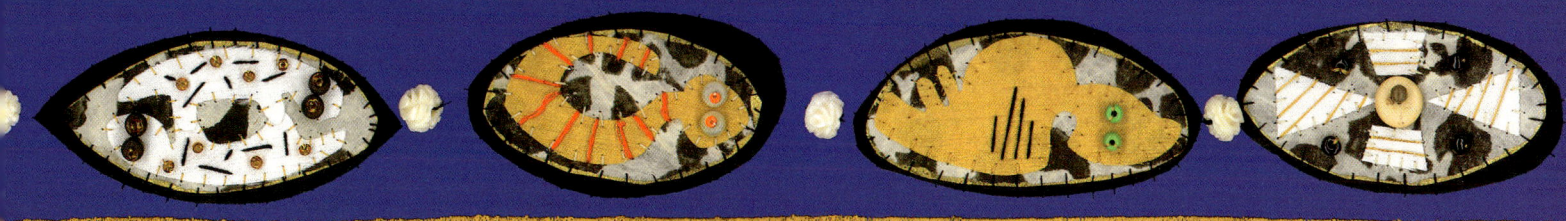

마코시와 마법의 뿔

렸어요. 그 정도라면 할머니가 오랫동안 걱정 없이 드실 수 있을 테니까요. 마코시가 작별 인사를 하자 할머니는 여행에 필요한 담요를 챙겨 주었어요. 감사 인사를 드리고 마코시는 서둘러 길을 나섰답니다.

삼촌네 마을로 가는 길은 똑바로 뻗어 있어 한눈에 들어왔지만 한참을 가야하는 거리였어요. 살아 있는 것이라고는 찾아볼 수 없는 길을 지나자 긴 풀이 바람에 흔들려 마치 황금빛 바다 같은 풍경이 있는 어느 마을에 도착했어요. 상쾌한 기분이 드는 것도 잠시, 어디선가 흐느끼는 소리가 들려왔어요. 물이 바짝 마른 강둑 뒤로 큰 동굴이 있었는데, 그 속에서 어떤 젊은 여인이 "아들아, 불쌍한 내 아들아!" 하며 울부짖고 있었어요.

놀란 마코시가 달려가 무슨 일인지 물어보았어요.

"내 아들이 요상하게 생긴 난쟁이에게 납치되어 이 동굴 속으로 사라져 버렸단다."

여인이 울면서 계속 말을 이었어요.

"아들과 나는 솥을 만들려고 찰흙을 모으고 있던 중이었어. 난 그 난쟁이가 어디서 나타났는지, 왜 우리 아들을 데리고 갔는지 도무지 모르겠구나."

마코시는 얼른 뿔을 꺼내 손뼉을 치며 노래를 부르기 시작했어요.

"오, 나의 뿔아. 흰 소가 남긴 나의 뿔아.
오, 나의 뿔아. 소년이 돌아올 수 있게 해 주렴."

말라위

 그러자 또 마법 같은 일이 벌어졌어요. 동굴 구석진 곳에서 한 난쟁이가 아이를 안고 나타나더니 엄마 발밑에 아이를 내려놓았어요. 그리고 강한 회오리바람이 불어와 난쟁이를 휙 감싸 안고 순식간에 사라져 버렸답니다. 아이가 기쁨의 눈물을 흘리는 엄마의 품으로 파고들었어요.
 "애야, 내가 어떻게 이 은혜를 갚을 수 있겠니? 다시는 내 아들을 못 볼 줄 알았는데……."
 젊은 여인은 아직도 믿기 어렵다는 듯 흐느끼며 말했어요.
 "이 뿔이 부리는 마법은 저도 믿기 어려울 정도예요. 하지만 도움이 되어서 정말 기뻐요. 무척 피곤하실 텐데 집은 여기서 먼가요?"
 마코시는 여인과 아들이 사는 오두막까지 함께 걸어갔어요. 집에 도착하자 마코시는 다시 한 번 뿔에게 어머니와 아들에게 필요한 솥을 부탁하였어요. 역시나 아름답고 멋지게 장식된 커다란 솥이 마법으로 나타났지요. 여인은 너무나 기뻐했어요.
 하지만 마코시는 마냥 좋아하고 있을 수만은 없었어요. 삼촌 집에 조금이라도 빨리 도착하려던 계획이 자꾸 미뤄지고 있었으니까요. 해가 저물기 전에 도착하려고 부지런히 걸음을 옮겼지만 결국 또 날이 저물고 말았지요. 마코시는 집이 그립고 부모님도 걱정되었어요.
 '나 없이 어떻게 지내고 계실까? 그래, 잘 계실 거야!'
 마코시는 마음 한구석에서 희망이 솟아나는 것을 느꼈어요. 이유는

마코시와 마법의 뿔

알 수 없었지만 틀림없이 좋은 느낌이었답니다. 그래서 쉬지 않고 다음 마을까지 걸었어요. 이번 마을은 지금까지와는 전혀 다른 곳이었어요. 가축에게 먹이면 좋을 풍성한 풀과 곡식들이 벌판에 무성하게 자라고 있었고, 아름다운 노을이 마을 어귀를 붉게 물들이고 있었지요.

마을에는 무척 잘 지어진 집들이 여러 채 있었어요. 그 중 한 집으로 가자, 잘 차려입은 한 남자가 문밖으로 나와 마코시를 아래위로 훑어 보았어요.

"어디서 온 녀석이냐? 뭘 구걸하려고 온 게야? 네 행색 좀 봐라. 옷은 더럽고 냄새까지 나는데 내가 너를 안으로 들일 것 같으냐?"

마코시는 집을 떠난 후 처음으로 거지와 다를 바 없는 자신의 옷차림을 살펴보았어요. 길고 험한 여정 때문에 그렇게 된 것을 그제야 알아차리게 되었지요. 마코시는 강가로 내려가 옷을 벗고 깨끗이 몸을 씻은 다음 뿔을 잡고 소원을 빌었어요.

"오, 나의 뿔아. 흰 소가 남긴 나의 뿔아.
오, 나의 뿔아. 나에게 입을 새 옷을 내주렴."

이번에도 마법으로 지은 아주 훌륭한 옷이 그의 앞에 나타났어요. 초록색, 금색, 빨간색, 하늘색이 섞여 있는 옷과 금 테두리가 있는 모자 그리고 가죽 신까지 모두 새것이었어요. 낡은 가방은 표범 가죽으

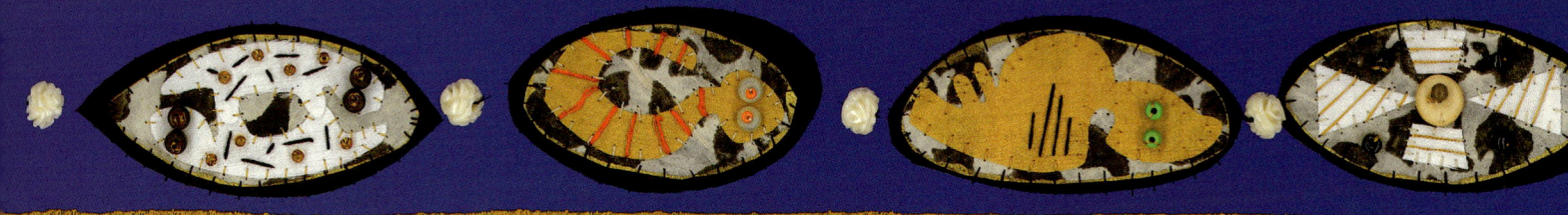

말라위

로 만든 가방이 되었고, 그 넉넉한 속은 마법의 뿔이 들어가고도 남았답니다. 새롭게 단장한 마코시의 모습은 마치 왕자와 같았어요.

마코시는 좀 전의 그 집으로 다시 갔어요. 밖으로 나온 집 주인은 마코시를 보고 깜짝 놀라 최대한 상냥한 목소리로 말했어요.

"어서 이리로 들어오세요. 이런 밤에 돌아다니시다가는 큰일납니다. 들어와 쉬어 가세요."

주인의 태도는 아까와는 완전히 다른 모습이었어요. 두 사람이 앉아 이야기를 나누는 동안 한 여인이 마코시에게 마실 것을 내주었지요. 마코시 주위에 모여든 가족들은 그가 어디에서 왔는지, 앞으로 얼마나 더 가야 하는지, 귀족이 맞는지 등을 물어보았어요.

가식적이고 욕심 많은 그들에게 마코시는 거짓말로 지어낸 마을의 이름을 대고 부자 삼촌을 만나러 가는 길이라고 했어요. 마법의 뿔에 대해서는 한마디도 하지 않았지요. 주인이 매우 편안한 잠자리를 내주었고, 마코시는 그곳에서 하룻밤을 보냈답니다.

아침 일찍 일어난 마코시는 마법의 뿔로 진수성찬을 마련했어요. 주인의 가족들이 놀라서 입을 딱 벌리며 마코시에게 더 머물러 달라고 사정했어요.

"말씀은 감사하지만 저는 이만 가 봐야 합니다. 삼촌을 꼭 만나야 하는 중요한 이유가 있거든요. 이 음식은 가난한 이웃들과 함께 나눠 먹으세요."

식사를 마치자마자 마코시는 서둘러 길을 떠났어요. 마코시의 그림자가 발 아래로 숨어 버린 정오쯤이 되어서야 삼촌 집에 도착할 수 있었지요.

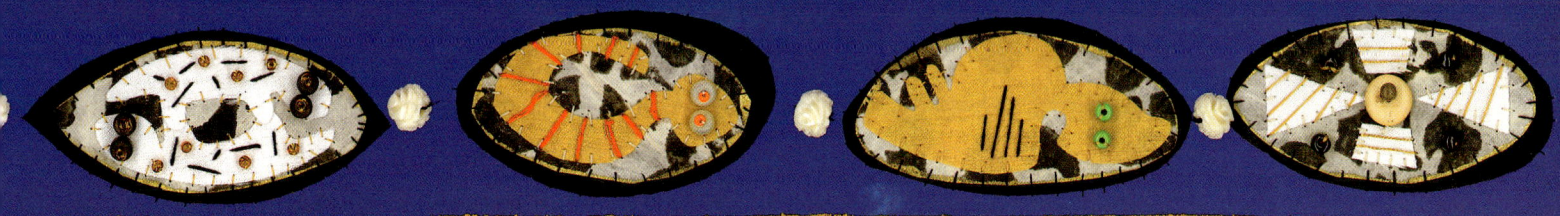

마코시와 마법의 뿔

그곳 사람들은 모두 건강하고 행복한 모습이었어요. 아이들이 서로를 부르며 뛰놀고, 물이 넘치는 강가에는 사람들이 모여 있었어요. 마코시가 다가가자 모두 환호성을 지르며 그를 반겼답니다. 숙모와 사촌들이 마코시를 안고 또 안아 주는 사이 삼촌이 나왔어요.

"반갑다 조카야, 네가 정말 내 여동생의 아들이 맞느냐?"

삼촌은 믿기지 않는 듯 큰 웃음으로 반겨 주었어요. 두 사람은 따뜻한 악수를 나누었지요. 삼촌은 우선 마코시에게 음식을 차려 주고 부모님의 안부를 물었어요. 물론 좋은 소식일 리 없었지요. 마코시가 처음부터 끝까지 다 말하자 삼촌이 다급히 소리쳤어요.

"내일이라도 빨리 떠나야겠구나. 그리고 이 마법의 뿔도 꼭 가져 가자."

두 사람은 동이 틀 무렵 마코시의 고향 마을을 향해 떠났어요. 삼촌이 마을까지 타고 갈 가장 힘센 황소를 고르자 마코시가 마법의 뿔을 이용하여 더 빨리 갈 수 있는 힘을 불어 넣었지요. 황소를 잠시 쉬게 할 때를 빼고 두 사람은 하루 종일 이동하였어요. 밤이 되자 마침내 마코시의 마을에 도착하였지요.

마코시의 부모님이 웃는 얼굴로 반겨 주었지만 무척 쇠약해진 모습이었어요. 하지만 다행히도 병세가 더 나빠지지는 않았지요. 삼촌은 얼른 비를 부르는 약초를 모아 언덕 위로 올라갔답니다. 달빛을 받으며 오랜 시간 비를 부르는 의식을 치렀고, 마코시가 옆에서 삼촌을 도와주었어요.

의식이 마무리될 즈음에 짙은 구름이 몰려왔고, 날이 밝자 드디어 아름다운 빗소리가 마을 사람들을 깨웠어요. 집으로 돌아온 마코시는 부모님께 흰

마코시와 마법의 뿔

소가 남긴 마법의 뿔을 보여 드렸어요. 그리고 모두의 앞에 서서 손뼉을 치며 노래를 부르기 시작했답니다. 이번에는 정말 엄청나고 중요한 소원을 부탁할 작정이었어요. 마을 사람들과 가축에게 생긴 몹쓸 병을 모두 고쳐 달라는 부탁 말이지요. 삼촌도 옆에 앉아 함께 노래를 부르기 시작했어요.

"오, 나의 뿔아. 흰 소가 남긴 나의 뿔아.
오, 나의 뿔아. 모두의 병을 낫게 해 주렴."

두 사람은 마코시 부모의 눈이 뜨이고 자리에서 일어날 수 있을 때까지 계속 노래를 불렀답니다. 병이 나은 부모님이 함께 노래를 부르자 시간이 지날수록 더 많은 마을 사람들이 낫게 되었어요. 마코시의 가족은 병든 사람들과 가축이 빠짐없이 모두 나을 때까지 며칠 동안 차례로 노래를 이어 갔답니다.

마을의 모든 병이 나은 뒤에야 마코시는 겨우 쉴 시간을 가졌어요. 한참만에 기운을 차린 마코시는 가족에게 여행 중에 겪은 신기한 이야기를 들려주었어요.

"정말 많이 컸구나, 우리 아들!"

부모님은 보통 때도 마코시에게 이런 칭찬을 자주 했었지요. 하지만 이번만큼은 마코시에게 정말 특별한 의미가 있는 칭찬이 되었답니다.

코시 코시 이야펠라

레소토

레소토는 남아프리카 공화국에 둘러싸여 있는 작은 나라랍니다. '하늘과 닿은 왕국'이라는 별명처럼 나라의 80퍼센트가 해발 1772미터 이상의 고산 지대이며, 산세가 험준하기 이를 데 없지요. 말루티 산맥과 타바 풋소아 산맥이 이 나라의 커다란 두 줄기라 할 수 있어요. 말루티 산맥의 최고봉은 '타바나 은들레냐나'라 불리는데 그 의미가 '작고 예쁜 산'이지만 뜻으로 실제의 모습과는 전혀 어울리지 않는답니다.

레소토는 국민의 대부분이 산악 지대에 사는 바소토 족이기 때문에 자기들만의 독특한 문화를 가지고 있어요. 바소토 족의 대표 공예품으로는 손으로 짠 모직물과 앙고라염소 털로 짠 태피스트리*, 양가죽으로 만든 제품들과 다음 이야기의 주인공 마실로냐나가 발견한 손으로 빚은 흙 단지 같은 토속 도자기 등이 있답니다. 또 '바소토의 모자' 또는 '모코로틀로'라고 불리는 고깔 모양의 전통 모자가 있는데, 질긴 갈대와 풀잎을 재료로 만든 것이지요. 이 모자의 특이한 모양은 킬로안 산의 뾰족한 산꼭대기에서 영감을 얻어 만들어졌다고 합니다.

*태피스트리: 여러 가지 색실로 그림을 짜 넣은 직물

* 레소토의 민속품과 공예품의 중심지는 텐야테야넹이에요. 도시의 남쪽에 흐르는 테자-테쟈네 강의 이름을 땄지요.

* 레소토의 국어는 소토 어로 남아프리카 공화국에서 쓰이는 다른 열한 개의 공식어 가운데 하나랍니다. 소토 어로 레소토는 '소토 어를 쓰는 사람들이 사는 곳'이라는 뜻이에요.

* 레소토의 수도는 마세루이고, 이곳에서 남쪽으로 조금 떨어진 작은 마을 모리자에서 해마다 10월에 유명한 모리자 예술 문화 축제가 열리고 있어요.

* 보온 기능을 갖춘 바소토 족의 전통 모포는 레소토의 대표 의상이에요. 각자의 나이와 특별한 행사에 걸맞게 저마다 다른 천을 두른답니다.

* 레소토에는 아프리카 대륙의 남부에서 가장 높은 폭포가 있어요. 187미터에 이르는 이 폭포의 이름은 말레추냐네이며 '연기가 자욱한 곳'이라는 뜻이지요.

* 19세기 중반에 유럽에서 들여온 조랑말은 험한 산악 지대를 잘 견뎌내는 튼튼한 이동 수단으로, 바소토 족에게 매우 중요한 자원이랍니다. 색색의 바소토 전통 모포를 어깨에 두르고 조랑말을 타고 다니는 바소토 족의 모습을 종종 볼 수 있지요.

마실로와 마실로냐나 형제

아주 오래전 작은 마을에 가난한 두 형제가 살았어요. 형은 마실로이고 동생은 마실로냐나였어요. 형제의 집안은 그리 넉넉하지 못했어요. 해마다 열심히 농사를 지었지만 수확은 그리 많지 않았답니다. 다행히도 형제는 사냥을 잘해서 때때로 산속에 들어가 먹을 것을 구해 오곤 했어요. 사냥을 할 때 협동이 매우 중요하다는 것을 형제는 어려운 환경과 부모님의 가르침으로부터 배웠지요.

"어떤 어려운 일이 있더라도 서로를 위해 주어라."

부모님은 항상 이렇게 충고했답니다.

그러던 어느 날, 마실로와 마실로냐나가 사냥개들을 데리고 한 번도 가 본 적이 없는 깊은 숲으로 사냥을 갔어요. 숲에 이르자 형제는 두리번거리며 어떻게 할까 고민했어요.

"여기서부터 따로 가도록 하자. 너는 이쪽으로 가고 나는 사냥개들을 데리고 저쪽으로 가는 거야."

마실로가 말하자 동생이 고개를 끄덕였어요.

"내 동생 마실로냐나야, 만약 오늘 무슨 일이 생기더라

도 형을 믿어야 해. 형이 어떤 상황에서도 너를 도울 테니 꼭 명심하렴."

형은 동생에게 맹세의 악수를 청했어요. 그리고 두 형제는 다른 길로 가기 시작했어요. 마실로는 오랫동안 걸었지만 아무것도 발견할 수 없었어요.

'이 숲은 꽤 조용하군.'

숲에서 들려오는 소리는 마실로의 발자국 소리와 함께 온 사냥개의 거친 숨소리뿐이었답니다.

한편 마실로냐나는 작은 언덕에 도착했어요. 언덕 위를 올라가 보니 놀랍게도 그곳에 커다란 흙 단지가 세 개나 엎어져 있었어요.

'정말 제대로 만들어진 멋진 단지들인걸! 그런데 누가, 왜 여기에 이것들을 가져다 놓았을까?'

단지들은 모두 깨끗하고 새것처럼 보였어요. 방금 전에 누군가 가져다 놓은 것 같았지요.

'흠, 아무도 없는 깊은 산속에 버려진 흙 단지라……. 이 속에는 대체 뭐가 들어 있을까?'

궁금해진 마실로냐나가 첫 번째 단지를 밀어 보았어요. 단지는 꿈쩍도 하지 않았어요. 힘을 더 써 보아도 소용없었어요. 두 번째 단지도 밀어 보았지만 마찬가지였지요. 그런데 마지막 단지를 막 움직이려 할 때였어요. 단지

레소토

안에서 이상한 소리가 들렸어요. 순간 무섭기는 했지만 마실로냐나는 궁금증을 참지 못하고 슬쩍 단지를 밀었지요. 그러자 단지 안에서 굵고 긴 머리카락에, 길고 더러운 손톱을 가진 요상한 노파가 기어 나왔어요. 허리가 굽은 노파는 청년을 올려다보며 소리쳤어요.

"이 버릇없는 놈아, 왜 남의 단잠을 깨우는 게야?"

마실로냐나는 무서움에 떨며 할머니가 마녀가 틀림없다고 생각했어요. 그는 형에게 도와 달라고 소리쳤어요. 동생의 소리를 들은 형 마실로는 언덕을 향해 뛰기 시작했어요. 먼저 도착한 형의 사냥개들이 맹렬한 기세로 노파를 공격하였고, 마실로냐나는 덜덜 떨며 나무 위로 올라갔어요. 마실로도 곧 언덕 꼭대기에 도착했지만 우선 덤불 뒤에 숨어 무슨 일이 벌어지고 있는지 지켜보기로 했어요. 두 형제는 공포에 휩싸인 채, 개들이 노파를 공격하는 것을 보았어요. 노파의 목숨이 끊어지자 더욱더 무서운 일이 일어났답니다. 노파의 길고 더러운 손톱이 무시무시한 길이로 자라나더니 그 손톱에서 한 여인과 아이들 그리고 소, 양, 염소, 닭, 오리 같은 온갖 가축들이 하나씩 빠져나오고 있었어요. 그들은 처음에는 손톱 크기만큼 작았지만 어느새 점점 커져서 실제 크기가 되었어요.

마실로냐나는 눈앞에 펼쳐진 광경에 놀라 머리가 터질 지경이었어요.

"감사합니다, 아버지."

탈출한 아이들이 나무 위에 숨어 있는 마실로냐나를 보며 말했어요.

"당신이 우리를 마녀의 주문에서 구해 내셨어요!"

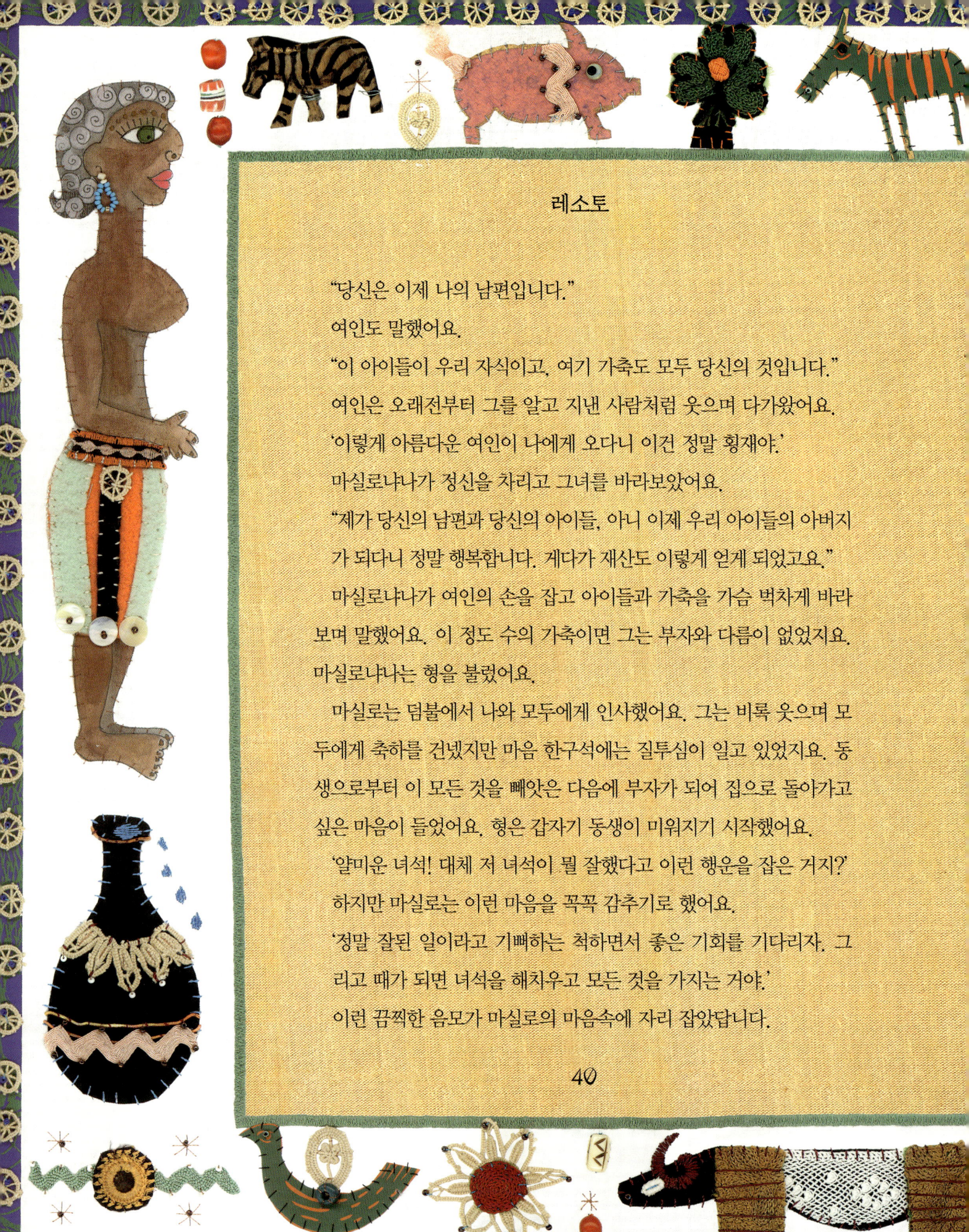

레소토

"당신은 이제 나의 남편입니다."
여인도 말했어요.
"이 아이들이 우리 자식이고, 여기 가축도 모두 당신의 것입니다."
여인은 오래전부터 그를 알고 지낸 사람처럼 웃으며 다가왔어요.
'이렇게 아름다운 여인이 나에게 오다니 이건 정말 횡재야.'
마실로냐나가 정신을 차리고 그녀를 바라보았어요.
"제가 당신의 남편과 당신의 아이들, 아니 이제 우리 아이들의 아버지가 되다니 정말 행복합니다. 게다가 재산도 이렇게 얻게 되었고요."
마실로냐나가 여인의 손을 잡고 아이들과 가축을 가슴 벅차게 바라보며 말했어요. 이 정도 수의 가축이면 그는 부자와 다름이 없었지요.
마실로냐나는 형을 불렀어요.
마실로는 덤불에서 나와 모두에게 인사했어요. 그는 비록 웃으며 모두에게 축하를 건넸지만 마음 한구석에는 질투심이 일고 있었지요. 동생으로부터 이 모든 것을 빼앗은 다음에 부자가 되어 집으로 돌아가고 싶은 마음이 들었어요. 형은 갑자기 동생이 미워지기 시작했어요.
'얄미운 녀석! 대체 저 녀석이 뭘 잘했다고 이런 행운을 잡은 거지?'
하지만 마실로는 이런 마음을 꼭꼭 감추기로 했어요.
'정말 잘된 일이라고 기뻐하는 척하면서 좋은 기회를 기다리자. 그리고 때가 되면 녀석을 해치우고 모든 것을 가지는 거야.'
이런 끔찍한 음모가 마실로의 마음속에 자리 잡았답니다.

마실로와 마실로냐나 형제

모두 형제가 사는 마을로 가기 위해 길을 나섰어요. 몇 시간을 걸어야 하는 길이라 가축들을 줄지어 한꺼번에 모는 것이 쉽지 않았지요. 지쳐 있던 한 아이가 목이 마르다고 소리치자 모두 고개를 끄덕였어요. 가축들도 틀림없이 목이 마를 것이었어요.

"내가 이 근처에서 작은 샘을 본 것 같아."

마실로가 말하자 일행은 그 자리에 멈춰 섰어요. 샘을 찾아낸 형제가 조롱박에 샘물을 담아 번갈아 여인과 아이들에게 가져다주었어요. 여인은 운반하던 흙 단지에 물을 담아 가축들에게 주었답니다.

하지만 그 일은 시간이 많이 걸리고 꽤 힘든 과정이었지요. 샘물이 바위로 된 구멍 깊숙이 있었기 때문에 한 사람이 내려가 물을 뜨면 다른 사람이 위에서 끌어 주어야만 밖으로 나올 수 있었답니다. 무척 위험한 일이었지만 그들은 물이 꼭 필요했기에 마실로냐나는 형을 믿고 기꺼이 내려갔어요. 그가 형의 마음속에 자리 잡은 못된 계획을 알 길이 없었지요.

마지막으로 물을 뜨러 갔을 때 형은 지금이야말로 동생의 모든 것을 차지할 수 있는 기회라고 생각했어요. 그래서 큰 돌을 들어 동생이 들어간 구멍을 막아 버렸답니다. 빠져나오지 못한 마실로냐나의 울음소리를 뒤로하고 형은 재빨리 여인과 아이들에게 돌아왔어요. 마실로냐나의 아내가 되기로 한 여인이 마실로에게 남편의 안부를 물었어요.

"이런 이야기를 전하게 되어 가슴이 아픕니다. 동생은 커다란 괴물에게 잡혀 샘물의 깊은 구멍 속으로 사라졌다오. 아마 죽었을 거요.

레소토

　우리에게도 위험이 닥칠지 모르니 서둘러 이곳을 떠납시다. 이제부터 내가 당신의 남편이 되겠소."

　마실로가 슬픈 목소리로 말했어요. 하지만 그의 마음은 온통 승리의 기쁨으로 넘쳤답니다.

　구멍 안에 갇힌 불쌍한 마실로냐나는 도와 달라고 소리치고 또 소리쳤지만 형은 끝내 돌아오지 않았어요. 바위 한쪽에 살고 있던 커다란 뱀이 이 모습을 보고 마실로냐나를 가엾게 여겼어요.

　"너는 동물이냐, 사람이냐?"

　뱀이 물었어요.

　"저는 사람입니다."

　바위 안이 너무 어두워 아무것도 볼 수 없었기에 마실로냐나는 누구와 이야기하는 줄도 모르고 대답했어요. 그러자 뱀이 그에게 다가와 검고 길쭉한 혀로 몸을 핥더니 큰 입을 벌려 그를 통째로 삼켜 버렸답니다. 뱀은 미끈한 몸으로 바위틈을 찾아 밖으로 나와 마실로냐나의 집으로 향했어요. 뱀이 어찌나 빨리 움직이는지 먼 길을 단숨에 달려 그날 밤으로 마실로냐나의 집에 도착하였어요. 그러고는 부엌으로 들어가 큰 아궁이를 감싸고 앉았답니다. 물론 마실로냐나는 뱀의 뱃속에 들어 있었지요.

　마실로는 조금 전에 가축들과 새 가족을 데리고 집으로 돌아와 있었어요. 마실로를 기쁘게 반기던 부모님은 동생이 죽었다는 소식에

마실로와 마실로냐나 형제

아주 가슴 아파하였지요.

다음날 아침, 한 아이가 물을 마시러 부엌으로 들어갔어요. 불룩한 배를 한 검은 뱀이 아궁이 옆에서 반짝이는 눈으로 자신을 쳐다보고 있었어요. 아이는 놀라 물바가지를 팽개치고 단숨에 엄마에게 달려갔지요. 모든 가족과 심지어 이웃, 마을의 노인들까지도 신기한 뱀을 보기 위해 마실로의 집으로 모여들었어요.

사람들이 다가오자 뱀이 말을 하기 시작했어요.

"마실로는 나쁜 사람,
그가 가진 질투심이라면 바다도 오염시킬 수 있지요.
동생의 아내와 재산이 탐나 동생을 죽이려 하였지요.
하지만 내가 마실로냐나를 구해 집으로 데리고 왔어요.
그는 지금 바로 내 배 속에 있지요."

말을 마친 뱀이 배 속에서 마실로냐나를 뱉어 내었어요. 그가 나타나자 가족은 다시 살아 돌아온 마실로냐나를 무엇보다 반겨 주었어요. 그리고 형이 욕심 때문에 동생에게 그런 끔찍한 일을 했다는 사실을 알고 마실로를 손가락질했지요.

"고맙구나. 답례로 갖고 싶은 게 있느냐? 소를 줄까?"

아버지가 뱀에게 묻자 뱀은 고개를 저었어요.

마실로와 마실로냐냐 형제

"그럼 염소는?"
역시 뱀이 고개를 저었어요.
"그럼 저 나쁜 녀석을 먹게나."
어떤 노인이 말했지요.
"아뇨, 그건 정말 싫어요. 마실로를 먹는 것은 독을 삼키는 짓이에요."
 뱀이 대답하며 마실로냐냐를 쳐다보았어요. 그 모습을 본 마실로냐냐의 부인은 뱀이 마실로냐냐를 친구로 삼기 위해 다시 삼켜 버릴까 봐 불안해졌어요. 그녀는 얼른 밖으로 나가 자기 가방에서 비단같이 부드러운 돌을 하나 꺼내 가지고 돌아왔어요. 그 돌은 '칠와나'라고 불리는 매우 귀한 것이었지요. 부인이 뱀에게 칠와나를 건네자 "고마워요. 우리 집에 정말 잘 어울리겠는걸요." 하면서 흡족한 마음으로 샘물로 돌아갔답니다. 한편 형 마실로는 왜 그런 못된 짓을 했냐며 마을 사람들에게 추궁 당할 것이 두려워, 몇 가지 물건만을 챙겨서 멀리 도망가서 다시는 마을로 돌아오지 않았답니다.

 마실로냐냐는 아름다운 아내와 자식이 커 가는 모습을 보며 오래도록 행복하게 살았어요. 그리고 인생에서 제일 중요한 것은 겸손과 남을 존중하는 것이라는 부모님의 가르침을 항상 기억했답니다.

코시 코시 이야펠라

스와질란드

스와질란드는 아프리카 대륙에서 아주 작은 나라 가운데 하나예요. 대륙 동남쪽에 있으며 국토의 대부분이 풀과 키 작은 나무, 덤불로 덮여 있어요. 바다가 없는 내륙 국가로, 남아프리카 공화국과 삼면을 접하고 동쪽으로는 모잠비크와 접하고 있답니다.

다음에 소개할 이야기의 주인공 멥케니의 하루처럼, 사냥은 스와지 족 삶에서 빼놓을 수 없는 중요한 요소랍니다. 하지만 오랜 세월 무분별한 밀렵과 불법 사냥이 계속되었기 때문에 검은코뿔소처럼 멸종 위기에 있는 동물이 점점 많아졌어요. 그래서 오늘날에는 밀렵으로부터 야생 동물들을 보호하기 위해 스와질란드의 국립 공원들을 철저하게 관리하고 있답니다.

이 이야기에 나오는 바오밥나무는 목초지가 많은 사바나 기후에서 흔히 볼 수 있는 식물이에요. 키가 25미터까지 자라고 둘레도 7미터에 이르는 거대한 바오밥나무의 줄기는 건기를 대비하여 최대 12만 리터의 물을 저장할 수 있지요. 또 바오밥나무는 물구나무를 선 것 같은 모습으로도 유명하답니다. 나뭇가지가 마치 뿌리 모양처럼 생겼기 때문이지요. 전설에 의하면 천지창조 때부터 그런 모습이었다고 해요.

* 스와질란드의 도로를 달리다 보면 형형색색의 전통 의상을 입은 사람들을 쉽게 볼 수 있어요. '마히야'라 불리는 이 옷은 로마 시대의 의상인 토가에 선명한 색을 입힌 것과 비슷해요. 또 방패와 방망이, 창과 전투용 도끼를 지니고 거리를 당당히 활보하는 스와지 족 전사들도 볼 수 있지요.

* 스와질란드 사람들은 전통적인 축제를 매우 중요하게 생각해요. 사람들이 꼽는 가장 중요한 축제는 그해 맨 처음 수확한 신선한 과일들을 먹는 '은콸라' 축제로 11월에 3주 동안 열리지요.

* 수도인 음바바네 근교의 밀웨인 야생 동물 보호 구역은 국가 최초의 보호 구역으로 얼룩말, 기린, 뿔사슴, 악어, 하마 그리고 다양한 조류들의 보금자리랍니다. 다음에 소개할 이야기에 나오는 쿠두는 영양의 한 종류예요. 쿠두가 사바나 초원을 떼 지어 달리는 모습은 정말 멋진 장관이지요.

* 스와질란드의 왕은 스스로 자신의 후계자를 정할 수 없어요. 헌법에 "우리나라의 왕은 그 어머니를 통해서만 될 수 있다." 라고 명시되어 있기 때문이죠. 왕이 죽으면 왕실에서는 아들이 있는 여러 왕비 중에서 최고의 왕비를 뽑는답니다. '여왕 어머니' 또는 암컷이 무리를 이끄는 코끼리에 비유해서 '대장 암코끼리'라고도 불리는 이 왕비의 아들이 다음 왕이 되는 거예요.

* 스와질란드에서는 전통적으로 소가 부와 번영의 상징이에요. 결혼을 하려면 신랑이 신부의 부모에게 '로볼라'라는 결혼 지참금을 보내야 하는데, 이때 주로 소를 준답니다. 대부분의 아프리카 부족 사회에는 이런 결혼 풍습이 있지요.

위대한 사냥꾼

카와만지 므나마 마을에서 여태껏 맵케니보다 훌륭한 사냥꾼은 없었답니다. 모든 사람들이 맵케니를 존경하였고 부인과 자식들은 그를 무척 자랑스러워 했지요. 여기저기에서 그의 이야기를 듣고 싶어 하는 많은 사람들이 찾아왔어요. 사람들은 이것저것 질문을 하면서 맵케니의 멋진 모험담을 즐겨 들었어요. 맵케니는 사냥한 짐승의 가죽 중에서 가장 좋은 것으로 옷을 해 입고, 죽은 짐승의 머리를 보란듯이 집 앞에 걸어 두었어요.

"저쪽에 있는 뿔 한 쌍 보이죠? 저 쿠두가 죽기 전까지 나를 얼마나 고생시키던지, 저 뿔을 볼 때마다 그날의 기억이 생생히 떠오른답니다. 힘들었지만 그놈의 가죽이 또 최고의 옷감이 되지 않았겠어요?"

맵케니의 모험담은 이렇게 시작되었어요. 오랜 세월 동안 맵케니는 젊은 사냥꾼들이 존경하는 스승으로 손꼽혔지요. 어느 날 한 젊은이가 맵케니에게 물었어요.

"그럼 당신은 맹수와 마주쳤을 때, 강철로 만든 손이 당신의 심장을 죄는 것 같은 두려움을 느낀 적이 없었나요?"

"사냥꾼이 그런 무시무시한 공포를 한 번도 느낀 적이 없다고 말한다면 그건 분명 거짓말일세. 나 역시 죽음이 코앞에 왔다는 생각이 들 때가 있지. 그럴 때면 아내와 자식들에게 조용히 사랑의 메시지를 보내고 작별 인사도 한다네. 하지만 난 목숨을 건져 다시 집으로 돌아오곤 했지."

맵케니의 말 한마디 한마디에 사람들은 귀를 기울였고, 다른 남자들은 그가 한 일에 깊이 감탄했지요.

아이들이 커서 결혼을 하자 맵케니와 부인은 오랜만에 단 둘이 지내게 되었어요. 부부는 평화로운 생활을 즐기며 손녀 손자가 태어나기를 고대하였어요.

그러던 어느 날, 집에 먹을 고기가 다 떨어지자 부인이 남편에게 상냥하게 말했어요.

"맵케니, 사랑하는 내 아이들의 아버지. 오늘 저녁 맛있는 고기를 먹을 수 있게 사냥을 해 오지 않겠어요?"

"물론이오. 사냥에 쓸 활과 화살을 준비하겠소. 이것이면 충분할 것이오."

준비를 마친 맵케니가 마을을 떠났어요. 맵케니의 걸음은 빨랐지만 아무 소리도 내지 않아 동물들이 그가 곁에 온 것을 알아차리지 못했어요. 또한 능숙하게 주변을 살피며 사냥감을 찾는 동시에 근처에 숨어 있을지 모르는 사나운 동물의 공격에도 대비했지요.

스와질란드

맵케니는 탁 트인 초원이 있는 북쪽으로 걸어갔어요. 한두 시간쯤 걸으니 임팔라 한 마리가 맵케니의 눈에 들어왔어요. 가죽에 윤기가 흐르고 잘생긴 놈이었지요. 사냥꾼 맵케니는 순식간에 임팔라의 아름다운 모습에 마음을 빼앗겼답니다.

"내가 그토록 오래 사냥을 했지만 이렇게 잘생긴 동물은 본 적이 없어. 이 임팔라는 정말 특별한 녀석이야!"

그러나 임팔라는 코앞에 닥친 위험을 알지 못하고 조용히 풀을 뜯고 있었어요. 맵케니는 능숙하게 활을 당겨 임팔라의 가슴에 화살을 명중시켰어요. 그러나 임팔라는 쓰러지지 않고 피를 흘리며 달아났어요. 맵케니가 끝까지 쫓아가서 커다란 바오밥나무 근처까지 왔어요. 임팔라는 나무를 한 바퀴 돌더니 순식간에 모습을 감추었어요. 선명한 핏자국이 나무 아래까지 남아 있었지만 감쪽같이 사라진 것이에요.

"이거 정말 희한한 일이군! 내가 지금 헛것을 보았나?"

맵케니는 어리둥절할 뿐이었죠. 평생 사냥을 했지만 이런 경우를 본 적은 한 번도 없었으니까요. 꿈을 꾸고 있는 걸까? 맵케니는 정신이 혼미해지고 피로가 몰려오는 것을 느꼈어요. 잠시 생각을 정리해 보려고 바오밥나무 옆에 앉았을 때였어요.

갑자기 한 노인이 그의 앞에 나타났어요. 맵케니는 노인이 오는 소리를 전혀 듣지 못했답니다. 어떻게 순식간에 나타난 걸까? 대체 이 노인은 누구일까? 궁금해 하는 사이 노인이 물었어요.

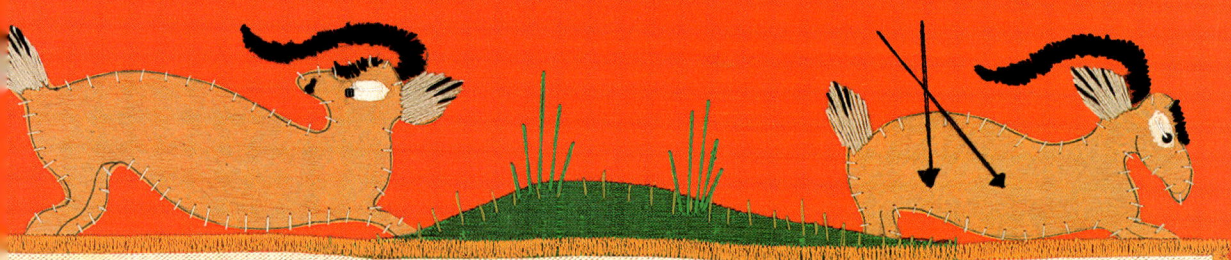

위대한 사냥꾼

"조금 전에 자네 활에 맞은 그 짐승을 찾고 있나?"
"예, 맞습니다. 하지만 할아버지가 그걸 어떻게 아셨죠? 대체 누구신가요?"
맵케니가 두려운 마음으로 물었어요.
노인은 대답 대신 웃으며 이렇게 말했답니다.
"나와 같이 가세. 내가 보여 줄 것이 있어."
노인은 앞장서서 바오밥나무를 한 바퀴 돌고 나무 몸통에 나 있는 커다란 구멍으로 맵케니를 데리고 갔어요. 맵케니가 좀 전에 열심히 둘러봤을 때는 아무것도 없었는데, 정말 신기한 일이었어요. 노인은 뒤도 돌아보지 않고 안으로 들어갔고 맵케니도 서둘러 그 뒤를 따라갔어요.

노인은 바오밥나무 속 울퉁불퉁한 계단으로 맵케니를 안내했어요. 그곳을 잘 알고 있는 듯 노인은 주저 없이 계단을 내려갔지요. 나무 몸통 속을 잘 깎아 만든 계단은 뿌리를 지나 계속 아래로 이어져 있었어요. 뿌리 아래쪽에 있는 계단은 흙으로 만들어져 있었지요.

계속 아래로 내려가자 나무 밑 깊은 곳에 한 마을이 있었답니다. 상쾌한 공기와 마법같이 은은한 빛이 감도는 곳이었어요. 온갖 종류의 아름다운 꽃과 새가 있었고 기장과 사탕수수 밭이 넓게 펼쳐져 있었어요. 집들은 황금색, 갈색, 빨간색, 흰색, 연회색으로 깔끔하면서도 우아하게 칠해져 있었지요. 정말 보기 좋은 풍경이었어요. 잠자코 앞장서 걷는 노인의 뒤를 따르며 맵케니는 눈을 크게 뜨고 두리번거렸어요.

스와질란드

"정말 멋진 곳이야! 게다가 정말 잘생긴 사람들이 살고 있구나."

그가 혼자 속삭였어요. 하지만 웬일인지 마을 사람들은 모두 슬픈 얼굴을 하고 있었어요. 아이들까지도 침울한 표정으로 집 앞에 조용히 앉아 있었고, 여인들은 흐느껴 울고 있었지요.

"여기가 어디죠? 그리고 사람들이 왜 모두 슬퍼하나요?"

참다못한 맵케니가 마침 많은 사람들이 모여 있는 커다란 집으로 들어가려는 노인에게 물었어요. 그곳에 있던 사람들 역시 슬픈 표정으로 서로 나지막이 이야기를 나누고 있었답니다.

"우리 왕자님이 다쳤기 때문에 그렇다네. 가슴에 사냥꾼이 쏜 화살을 맞으셨지. 하마터면 마을로 다시 돌아오지 못할 뻔하셨어."

노인이 설명해 주었어요.

마을 남자들이 맵케니를 보고 인사를 건네고 자리를 내주었어요.

"아니 이토록 평화로워 보이는 마을에서 사람들끼리 사냥을 하다니요?"

맵케니가 묻자 한 남자가 말했어요.

"당신이 우리에 대해 잘 모르는 사실이 하나 있어요."

"우리 마을 사람들은 모두 동물로 변신할 수가 있어요. 이 나무를 지나 땅 위로 나갈 때면 동물로 변신하고 밖에서는 그 모습으로 지내지요. 우리 왕자님이 사랑스런 임팔라로 변신하면 마을의 청년들도 함께 임팔라로 변신해서 왕자님을 보호해 주곤 했다오. 그렇다고 안심할 일은 아니지요. 임팔라는 언제나 사냥꾼이나 사자의 좋은 먹잇감이었으니……."

스와질란드

"결국 오늘 아침 임팔라로 변신한 왕자님이 행복하게 풀을 뜯고 있다가 카와만지 므냐마 마을에서 온 고약한 사냥꾼의 눈에 뜨였지요."
다른 남자가 눈물을 흘리며 덧붙였어요.
빙 둘러앉은 마을 사람들이 맵케니에게 자신들의 삶을 이야기하는 동안 한쪽 구석에서는 왕자가 잔뜩 몸을 웅크린 채 신음하고 있었어요. 그러더니 갑자기 눈을 떠 맵케니를 보았어요. 맵케니는 왕자의 눈이 마치 자신을 꿰뚫어 보는 것처럼 느꼈답니다. 맵케니는 평화로운 이곳 사람들에게 고통을 줄 생각이 전혀 없었어요. 그래서 카와만지 므냐마 마을에서 온 못된 사냥꾼이 많은 마을 청년을 죽였다는 이야기를 듣자 더욱 비통한 마음이 되었지요.
"제가 그 못된 사냥꾼이에요."
맵케니가 고백했어요.
"정말 뭐라 말할 수 없을 정도로 죄송해요. 하지만 오늘부터는 더 이상 저를 겁낼 필요가 없을 거예요."
말을 마친 맵케니는 벌떡 일어나 그곳을 떠났어요. 함께 왔던 노인은 잠자코 자리에 앉아 있었지요. 세상 밖으로 통하는 바오밥나무의 계단 쪽으로 급히 걸음을 옮기던 맵케니의 눈에 눈물이 가득했어요. 밖으로 나가는 구멍에 이르러 상쾌한 공기와 따뜻한 햇살을 느끼자, 그는 참았던 울음을 터뜨렸답니다. 불쌍한 마을 사람들과 상처 입은 왕자 생각에 하염없이 눈물이 흘렀어요. 맵케니는 어떻게 하면 마을 사람들이 두려워하고 증

위대한 사냥꾼

오하는 사냥꾼의 모습을 벗어나 다른 사람이 될 수 있을까 생각했어요.

그때 쿵 하는 커다란 소리와 함께 아침에 사냥했던 바로 그 임팔라가 맵케니의 옆에 떨어졌어요. 놀란 그의 귓가에 바오밥나무 마을의 여인들과 아이들이 슬프게 우는 소리가 들리는 듯했답니다. 맵케니는 짐승을 묻어 주려고 땅을 팔 만한 도구를 찾아 두리번거렸어요. 마침 튼튼한 나뭇가지를 하나 발견하고 그것으로 땅을 파기 시작했어요. 나뭇가지로 땅을 파는 것은 시간도 많이 걸리고 힘든 일이었지요. 하지만 맵케니는 마을 사람들과 왕자를 위해 꼭 이렇게 해야 한다고 스스로 다짐했어요. 임팔라가 다시 자신에게 나타난 것은 과거 수년 동안 자신이 그 마을 사람들에게 진 죄를 보답할 수 있는 기회를 주려는 것이라고 생각했지요. 그가 임팔라의 가죽을 벗겨 소중히 접어 놓았어요. 그리고 임팔라를 마치 친한 친구인 양 고이 묻어 주었답니다. 그리고 훗날 무덤을 다시 방문할 수 있도록 가까운 돌로 표시해 두는 것도 잊지 않았지요.

다시 고향 카와만지 므나마 마을에 도착했을 때, 맵케니는 전혀 다른 사람이 되었답니다. 부인이 문밖으로 나와 그를 맞았어요. 그리고 맵케니의 슬픈 표정을 보고 물었지요.

"여보, 무슨 일이에요? 사냥한 고기는 어디 있어요? 어째서 짐승의 가죽만 들고 오는 거죠?"

맵케니는 대답하지 않았어요. 그는 무척 피곤해 보였어요. 아내는 마실 것을 가져다주고 조용히 쉬도록 배려했어요. 아내가 낮에 만든 호박

위대한 사냥꾼

요리를 주었을 때도 맵케니는 그저 말없이 먹기만 했답니다. 그러고나서 임팔라의 가죽을 들고 나가 그가 늘 사냥한 짐승의 가죽을 말리던 커다란 바위에 펼쳐 놓았어요. 그리고 무거운 맘으로 그날 있었던 일을 부인에게 이야기해 주었지요.

　부인은 끝까지 조용히 맵케니의 이야기를 들었어요. 하지만 남편이 겪은 일을 아무리 상상해 보려고 해도 불가능했답니다. 대체 어떻게 한 그루의 바오밥나무 밑에 그런 마을이 있을 수 있을까요? 부인뿐만 아니라 다음 날 그를 찾아온 친구들도 맵케니의 이야기를 이해할 수 없었지요.

　"나는 이제 다시는 사냥을 하지 않을 셈이네. 이것이 마지막이야."

　맵케니가 말했지만 아무도 믿지 않았어요. 세상에서 가장 존경 받던 사냥꾼이 사냥을 그만두겠다니요? 하지만 맵케니는 약속을 지켰답니다. 맵케니는 그 후에도 계속해서 자신의 사냥 이야기를 들려주었지만 이것만은 꼭 강조했어요. 임팔라는 신성한 나무 아래에 있는 마을에서 온 젊은 왕자가 틀림없으니 조심해야 한다고요. 그 후부터 스와질란드 사람들은 임팔라를 아주 귀하게 여겼답니다.

　　　코시 코시 이야펠라

세네갈

세네갈은 서아프리카에 속한 나라로 북쪽에는 모리타니, 남쪽에는 기니와 기니비사우, 동쪽에는 말리, 서쪽에는 대서양이 위치하고 있어요. 커다란 세 개의 강을 중심으로 세 지역으로 구분되지요. 북쪽 모리타니와 국경을 이루며 흐르는 세네갈 강, 국토의 중심부를 지나는 감비아 강 그리고 남쪽 지역에 흐르는 카지망스 강이 있는데 강들은 모두 동쪽에서 서쪽으로 흘러간답니다.

국민들은 대부분 서쪽 해안가에 모여 살고 있고 세네갈의 원주민인 월로프 족의 수가 가장 많아요. 수도 다카르와 더불어 세네갈의 주요 도시들이 모두 이 해안가에 있어요. 다카르가 있는 베르데곶 반도는 아프리카 대륙에서 가장 많이 튀어나온 지형(곶)이에요. 고기잡이는 농사 다음으로 세네갈 사람들이 많이 하는 일이고, 해안을 따라 많은 어촌들이 있지요. 주로 고기잡이에 이용하는 피로그(마상이 배)는 세네갈의 전통 방식으로 통나무의 속을 파서 만든 좁고 길쭉한 모양의 배랍니다. 다음에 소개할 이야기에 나오는 아베게의 배처럼 돛을 달아 해풍을 이용하여 이동하기도 하지요.

* 전설에 따르면, '세네갈'이라는 이름은 15세기 포르투갈 사람들이 월로프 족이 사용하던 배의 이름을 잘못 발음한 데서 유래한 것이라고 해요. 나무 기둥의 속을 파서 간단하게 만든 배를 월로프 족은 '서너 겔'이라고 불렀다지요.

* 생선은 세네갈 국민의 대표적인 단백질 공급원이에요. 세네갈은 지구 상에서 생선을 가장 많이 소비하는 나라 가운데 하나랍니다.

* 세네갈 해안에 서식하는 생선은 창꼬치, 날쌔기, 북미산 청어, 노랑가오리, 보구치, 카랑크 등이 있어요.

* 수도 다카르에서 북쪽으로 가면 레트바 호수라는 분홍빛의 호수가 있어요. 물 속에 있는 광물이 햇빛을 반사시켜 분홍빛을 내서 '장미 호수'라고도 하는데 이런 현상은 주로 건기에 나타난답니다. 사해처럼 염분이 매우 많은 호수이기도 해요.

* 세네갈에는 세계 최대의 조류 보호 구역이 있어요. 해마다 삼백만 마리가 넘는 철새들이 주지 국립 공원에서 쉬어 가곤 하지요. 이곳이 철새가 사하라 사막 남쪽으로 이동할 때, 계절에 상관없이 가장 먼저 물을 만날 수 있는 곳이기 때문이에요.

해풍

해풍은 하루 종일 섬과 바다를 이리저리 돌아다녔어요. 숲과 평원을 지날 때는 겁 많은 사슴 떼를 물가로 몰아 주기도 했지요. 낮 동안 해풍은 식물에게 생기를 불어 넣고, 새들에게 희망을 속삭이며 계절의 변화를 미리 알려 주는 일을 했어요. 그러다가 피곤한 저녁이 되면 붉은 노을처럼 하늘 아래쪽으로 내려앉지요. 해풍은 구름 밑을 낮게 날며 편히 쉴 수 있는 곳을 찾아다니다 모래 언덕이나 조용한 숲 속 빈터에서 쉬어 가곤 했습니다.

숲은 해풍의 비밀을 알고 있었어요. 해풍이 밤마다 방해 받지 않고 깊은 잠을 자려고 새나 짐승 또는 사람의 모습으로 변한다는 것을 말이지요.

"쉿, 해풍이 자고 있어."

숲이 모두에게 속삭였어요.

초록 날개 앵무새도 해풍이었고, 달빛을 받아 은빛으로 반짝이는 도마뱀도 해풍이었지요. 동이 틀 무렵 그레이트 호수를 날아가는 한 무리의 플라밍고도 해풍이 모습을 바꾼 것이었어요. 가끔은 사람들이 있는 마을 근처에서 쉬기도 했지요. 해풍은 풀숲에 누워 꿀맛 같은 휴식을 취하는 전사처럼 긴 목을 빼고 잘생긴 얼굴을 한 팔에 묻은 채 졸곤 했어요.

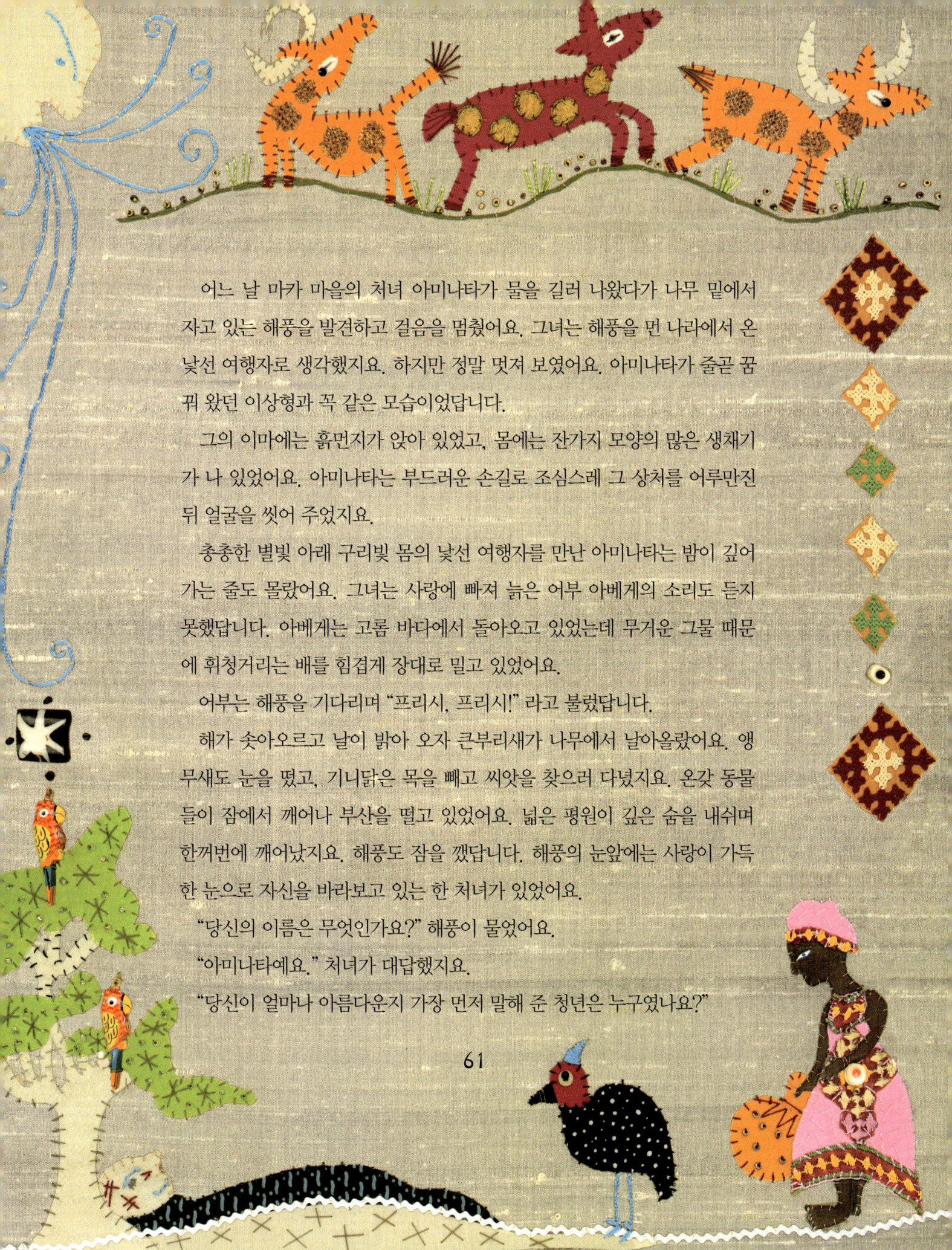

어느 날 마카 마을의 처녀 아미나타가 물을 길러 나왔다가 나무 밑에서 자고 있는 해풍을 발견하고 걸음을 멈췄어요. 그녀는 해풍을 먼 나라에서 온 낯선 여행자로 생각했지요. 하지만 정말 멋져 보였어요. 아미나타가 줄곧 꿈꿔 왔던 이상형과 꼭 같은 모습이었답니다.

그의 이마에는 흙먼지가 앉아 있었고, 몸에는 잔가지 모양의 많은 생채기가 나 있었어요. 아미나타는 부드러운 손길로 조심스레 그 상처를 어루만진 뒤 얼굴을 씻어 주었지요.

총총한 별빛 아래 구리빛 몸의 낯선 여행자를 만난 아미나타는 밤이 깊어 가는 줄도 몰랐어요. 그녀는 사랑에 빠져 늙은 어부 아베게의 소리도 듣지 못했답니다. 아베게는 고롬 바다에서 돌아오고 있었는데 무거운 그물 때문에 휘청거리는 배를 힘겹게 장대로 밀고 있었어요.

어부는 해풍을 기다리며 "프리시, 프리시!" 라고 불렀답니다.

해가 솟아오르고 날이 밝아 오자 큰부리새가 나무에서 날아올랐어요. 앵무새도 눈을 떴고, 기니닭은 목을 빼고 씨앗을 찾으러 다녔지요. 온갖 동물들이 잠에서 깨어나 부산을 떨고 있었어요. 넓은 평원이 깊은 숨을 내쉬며 한꺼번에 깨어났지요. 해풍도 잠을 깼답니다. 해풍의 눈앞에는 사랑이 가득한 눈으로 자신을 바라보고 있는 한 처녀가 있었어요.

"당신의 이름은 무엇인가요?" 해풍이 물었어요.

"아미나타예요." 처녀가 대답했지요.

"당신이 얼마나 아름다운지 가장 먼저 말해 준 청년은 누구였나요?"

세네갈

해풍의 말에 아미나타의 얼굴이 붉게 물들었어요.
"아니, 대답할 필요 없어요, 아미나타."
"내 이름을 부르는 당신의 목소리가 참 멋져요."
부끄러운듯 아미나타가 말했어요.
"항아리에 있는 이 물이 당신처럼 맑군요."
해풍이 말했어요.

아미나타가 눈을 아래로 깔고 다소곳이 물을 떠 주자 해풍은 단번에 물을 마셔 버렸어요. 아미나타가 중얼거리듯 말했어요.

"저는 오랫동안 이 나무로 찾아올 낯선 사람을 기다렸어요. 바로 당신처럼 멋진 사람 말이에요."

잠시 말없이 있던 해풍이 조용히 말했지요.

"아미나타, 나는 이곳저곳을 여행할 때마다 같은 꿈을 꾸었다오. 당신과 똑같이 생긴 사람의 딸을 만나는 꿈이었소. 하지만 나는 한 곳에 정착할 수 없는 방랑자 신세라오. 세상 모든 곳을 돌아다녀야 하오. 그래도 당신을 보니 정말 함께 지내고 싶은 마음이 드는군요. 세상을 이리저리 떠도는 것도 이젠 지쳤다오."

두 사람이 마을로 내려갔을 때, 마을의 여인들은 수수를 빻고 있었어요. 어부 아베게는 그물을 내려놓고 바다로 향하고 있었지요. 그는 해풍과 아미나타 곁을 지나며 혼자 중얼거렸어요.

"해풍이 늙어 이제 귀가 먹었나? 내가 부르는 소리가 안 들리나 보군."

해풍

아베게는 흰 돛을 올리며 "프리시, 프리시!" 하고 외쳤지요. 그러자 갑자기 낯선 여행자가 나비처럼 가벼운 몸짓으로 일어나더니 아미나타의 깊은 갈색 눈을 들여다보았어요. 마치 맹세를 하는 것 같았답니다.

"프리시는 나의 이름이에요."

해풍이 부드럽게 말했어요. 그러고는 흰 이를 보이며 목구멍 깊은 곳에서부터 울려 나오는 커다란 소리로 웃었어요.

"저 어부를 고롬 바다로 데려가야 해요. 어부가 나를 부르면 배를 바다로 밀어 주곤 하지요. 내가 늙어 귀가 안 들린다고 어부는 생각하지만, 절대 그렇지 않다오. 아, 나의 아미나타. 나에게는 정말 빠른 발과 밝은 귀가 있다오."

아미나타는 해풍에게 언제 다시 돌아오는지 묻고 싶었지만 차마 그러지 못했어요. 하지만 해풍이 그 마음을 알아채고 말했어요.

"아미니타, 반드시 돌아오겠소. 저녁때면 이 나무 아래로 다시 돌아와 있을 거요."

아미나타는 하루 종일 해풍을 다시 만날 생각에 빠져 있었어요. 저녁때가 되자 얼른 그 나무 밑으로 가 그를 기다렸답니다.

밤을 부르는 어둠과 함께 해풍이 돌아왔어요. 해풍이 풀 위를 스쳐 지나가자 먼지가 일었어요. 그 바람에 마을 오두막 앞에서 저저분한 털을 뜯으며 장난하고 있던 개들의 코를 먼지들이 살랑살랑 어루만졌어요. 아미나타는 해풍을 집으로 데려가 가족들에게 소개시켜 주었어요. 그녀의

세네갈

아버지가 사냥을 마치고 돌아오자 모두 모여 식사를 하였답니다. 해풍은 사람들처럼 손으로 음식을 먹고 술을 마시며 자신의 모험담을 이야기했어요. 그의 이야기를 들으려고 마을 사람들이 하나둘 모여들었지요. 해풍의 아내가 된 아미나타의 오두막집에서는 밤늦도록 두런두런 이야기 소리가 흘러나왔답니다.

세월이 흘러 해풍과 아미나타 사이에 자식이 둘 태어났어요. 첫째 아들은 '바다의 산들바람'이라는 뜻으로 마마두 마타라고 부르고, 둘째 딸은 '꽃바람'이라는 뜻으로 비네투라고 불렀지요.

아이들은 정말 밝게 잘 자랐어요. 여인들이 풀밭 위에 빨래를 널어 두면 둘은 숨이 찰 때까지 그 사이를 지나다녔지요. 그럴 때면 줄 위에 걸린 빨래들이 이리저리 흔들렸어요. 마마두 마타는 늙은 어부 아베게가 "프리시, 프리시!" 하고 부르면 포구로 가서 어부를 도와주었어요. 그러나 마마두 마타가 파도 위를 너무 세게 내달리기라도 하면 배의 뒷부분이 번쩍 들리고 돛이 망가지기도 했답니다. 비네투는 새와 풀벌레에게 배운 노래를 흥얼거리며 꽃이 만발한 들판을 돌아다녔어요. 아미나타의 정원은 딸 비네투가 가져온 아름다운 꽃으로 가득했는데, 비네투가 노래를 불러 주면 정원의 꽃들이 더 잘 자랐어요. 아빠 해풍은 비네투의 노래를 '바람의 꽃'이라 불렀지요.

온 세상을 여행 다니는 해풍은 자신의 가족이 있는 마을을 좀처럼 지나갈 수가 없었어요. 하지만 어쩌다 마을에 오게 되면 한참 동안 머물곤 했

해풍

어요. 그러면 아내 아미나타는 몹시 기뻐했지요. 해풍은 아미나타와 밤을 지새우고, 아이들에게는 자신의 여행담을 들려주곤 했답니다.

해풍이 마을에 머무는 며칠 밤 동안 바다 위의 배는 멈추고 나뭇잎 하나 떨어지지 않는 으스스한 정적만이 남는답니다. 땅과 물 그리고 식물들은 모두 이런 밤을 견디기 힘들어 했지만 마카 마을 사람들은 즐거워했어요. 이야기를 잠시 쉬는 동안 해풍이 마을 아궁이마다 장작불을 지펴 주었거든요.

그 뒤로도 몇 년 동안 해풍은 계절이 바뀔 때마다 마을로 돌아오곤 했어요. 하지만 아미나타가 셋째 아이를 가진 뒤로는 더 이상 나타나지 않았답니다. 아미나타는 아이를 낳다 그만 큰 병에 걸리게 되었어요. 막내는 셋 가운데 가장 잘생긴 아이였지요. 검고 부드러운 눈동자와 한여름의 산들바람을 닮은 따뜻한 미소를 지니고 있었어요. 아미나타는 죽을 힘을 다해 아이를 가슴에 품고 젖을 먹였어요. 그리고 마치 갓난아이가 말귀라도 알아듣는 것처럼 끊임없이 아기 귀에 대고 아빠가 돌아왔으면 좋겠다고 말했어요.

그때 바다에 있던 아베게는 희고 커다란 갈매기가 물 위를 낮게 날아가는 것을 보았어요. 새는 가슴이 미어질 것 같은 울음소리를 내며 마을로 날아갔어요. 아베게가 마을로 돌아와 보니 아미나타 집 대문이 열려 있었고, 방금 전 그 갈매기가 아이와 엄마 옆에 서 있었지요.

아베게는 아미나타가 해풍에게 하는 말을 들었답니다.

"여보, 드디어 오셨군요! 나의 위풍당당한 방랑자, 이제 당신을 보았으니 더 이상 슬프지 않아요. 그럼 안녕, 나의 사랑 프리시, 당신을 정말

세네갈

사랑했어요."
　흰 갈매기는 마을 위를 한참 동안 떠나지 않고 빙글빙글 돌더니 바다로 날아갔어요.
　해풍의 막내아들은 튼튼하게 잘 자랐어요. 하지만 그의 어린 시절은 보통의 아이들과 좀 달랐답니다. 또래 친구들과 어울리기보다는 혼자 돌아다녔고, 둥지에서 떨어진 가엾은 아기새를 보살피는 것을 더 좋아했어요. 막내는 조용하고 평화를 사랑하는 친절한 소년이 되었지요. 마을 사람들이 그에게 아라마라는 이름을 지어 주었는데 '자비의 숨결'이라는 뜻이었답니다.
　어느 날, 해풍의 두 아들과 딸은 모두 고향 마을을 떠났어요.
　해풍은 아들 '바다의 산들바람'에게 바다, 파도, 강, 늪지를 돌보게 했답니다. 아베게의 아들이 휘파람을 불면 바다의 산들바람이 달려 왔지요. 딸 '꽃바람'은 숲과 들을 여행하며 가는 곳마다 봄에는 따뜻한 봄바람을, 가을에는 곡식을 자라게 하는 가을바람을 선물했어요.
　막내 '자비의 숨결'은 셋 중에 가장 멋진 일을 하게 되었답니다. 세상의 모든 슬픈 사람들이 그에게 의지하고 위로를 받게 되었지요. 그는 슬픔에 빠진 사람들에게는 노래를 불러 주었고, 가난하고 아픈 사람들은 따뜻한 손길로 어루만져 주었어요. 물론 곧 기쁜 소식이 있을 거라는 희망도 함께 전했답니다.

코시 코시 이야펠라

가나

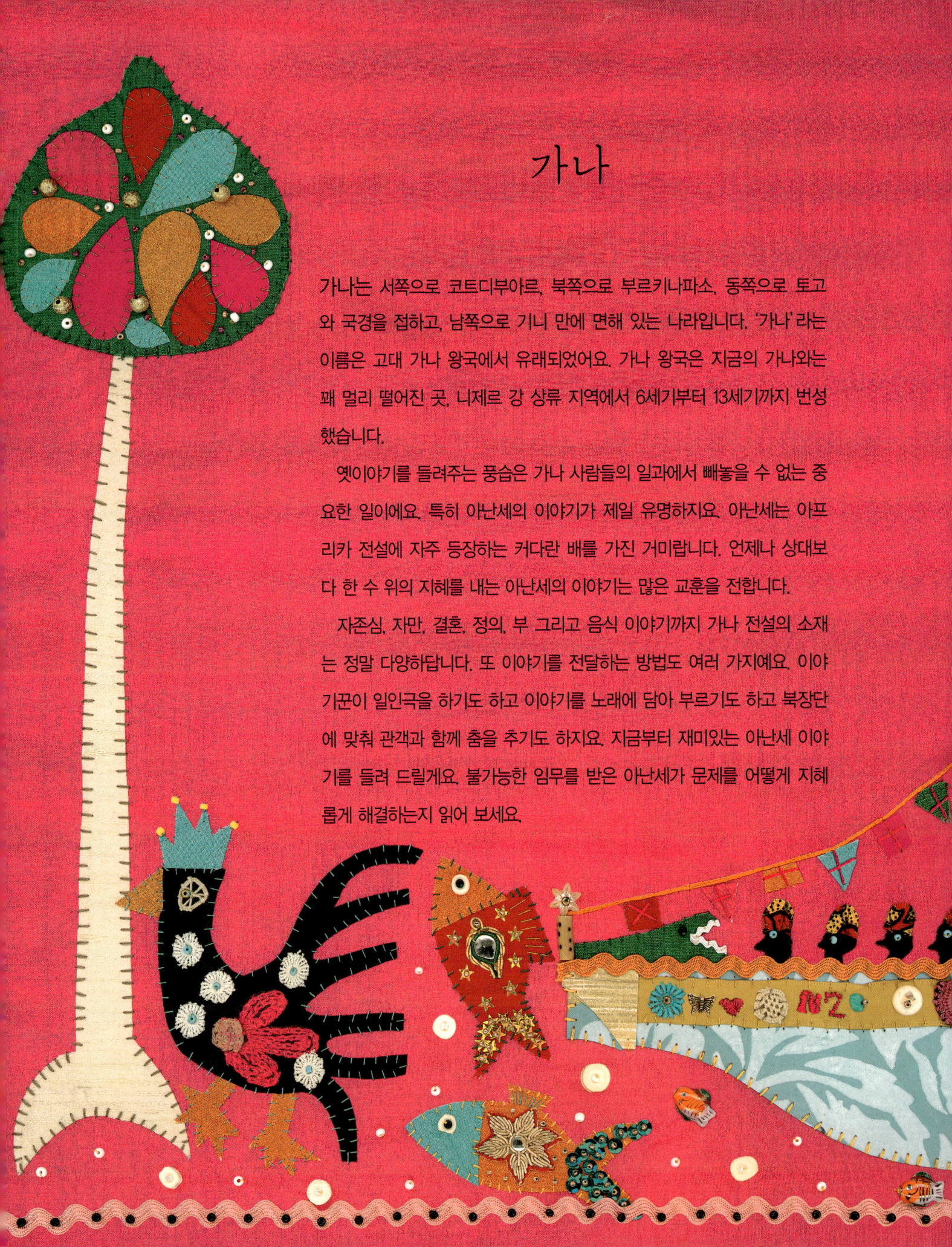

가나는 서쪽으로 코트디부아르, 북쪽으로 부르키나파소, 동쪽으로 토고와 국경을 접하고, 남쪽으로 기니 만에 면해 있는 나라입니다. '가나'라는 이름은 고대 가나 왕국에서 유래되었어요. 가나 왕국은 지금의 가나와는 꽤 멀리 떨어진 곳, 니제르 강 상류 지역에서 6세기부터 13세기까지 번성했습니다.

옛이야기를 들려주는 풍습은 가나 사람들의 일과에서 빼놓을 수 없는 중요한 일이에요. 특히 아난세의 이야기가 제일 유명하지요. 아난세는 아프리카 전설에 자주 등장하는 커다란 배를 가진 거미랍니다. 언제나 상대보다 한 수 위의 지혜를 내는 아난세의 이야기는 많은 교훈을 전합니다.

자존심, 자만, 결혼, 정의, 부 그리고 음식 이야기까지 가나 전설의 소재는 정말 다양하답니다. 또 이야기를 전달하는 방법도 여러 가지예요. 이야기꾼이 일인극을 하기도 하고 이야기를 노래에 담아 부르기도 하고 북장단에 맞춰 관객과 함께 춤을 추기도 하지요. 지금부터 재미있는 아난세 이야기를 들려 드릴게요. 불가능한 임무를 받은 아난세가 문제를 어떻게 지혜롭게 해결하는지 읽어 보세요.

* 가나라는 말은 고대 왕국에서 통치자를 부르는 명칭이었는데 '전사의 왕'이라는 뜻이에요. 하지만 실제로는 왕을 '와가두구'라는 호칭으로 더 많이 불렀답니다.

* 가나에는 옛이야기를 통해 지식을 후세에 전달하는 전통이 있어요. 노인들의 옛이야기는 과거의 생활을 보여 주고, 종교적이거나 도덕적인 교훈을 전달하는 역할도 한답니다. 아난세의 이야기도 이런 전통 속에서 전해져 온 옛이야기이지요.

* 아난세의 이야기를 처음 시작한 것은 가나의 아칸 족이에요. '아난세셈(거미 이야기)'이라 불리던 아칸 족의 이야기가 서아프리카 전체로 퍼졌고, 지금은 매우 유명한 이야기가 되었답니다.

* 이야기 형태로 전해 내려오던 가나의 많은 전설이 1950년에서 1960년 사이에 글로 옮겨져 교과서에 실렸답니다. 가나 어린이들은 학교에서 배운 아난세의 이야기를 잘 알고 있지요.

* 가나 어로 '돈도'라 불리는 전통 북은 서아프리카 이야기꾼 그리오가 사용하는 악기예요. 돈도는 절구 모양 몸통에 아래와 위를 연결하는 줄을 여러 개 매어 놓은 모습이에요. 이 줄이 여러 높이의 소리를 내는데 그 소리가 마치 사람의 목소리 같다고 해서 '말하는 북'이라 불린답니다.

아난세와 불가능한 임무

옛날 옛날에 자신이 매우 위대하고 똑똑하다고 생각하는 왕이 있었어요. 왕의 신하 중에는 카와쿠 아난세라는 거미 인간이 있었어요. 그런데 왕의 눈에는 아난세가 지나치게 영리하고 두려울 것이 없는 거물이 된 것이 못마땅했어요. 왕은 아난세를 없애기로 마음먹고, 오랜 고심 끝에 계략을 생각해 냈어요.

왕은 아난세를 궁으로 불러서는 아주 특별한 임무를 내리겠다고 말했어요.

"내가 꼭 갖고 싶은 보물이 두 개 있다. 너에게 특별히 임무를 줄 테니 가서 그것들을 구해 오너라."

"예, 그런데 그 보물이 무엇입니까?"

아난세가 묻자 음흉한 미소를 숨긴 채 왕이 대답했어요.

"그 보물들이 무엇인가 말해 준다면 너에게 너무 쉬운 임무가 되지 않겠느냐. 똑똑한 너를 시험하려면 어려운 임무를 줘야겠지. 그러니 내가 원하는 보물이 무엇인지 네게 말하지 않을 셈이다. 보물을 일주일 안에 가져온다면 너는 많은 땅과 명예를 얻을 것이지만 실패한다면 바로 죽게 될 것이다."

아난세는 왕이 한 말을 생각하며 집으로 돌아오다 숲 속에서 새들을 보았어요. 좋은 생각이 떠오른 아난세가 새들을 불러 말했어요.

"내가 오늘 왕으로부터 특별한 임무를 받았단다. 지금까지 난 너희들에게 좋은 친구가 되어 주었어. 오늘 그 보답을 해 주렴. 너희 모두 우리 집으로 날아가 깃털을 하나씩 뽑아 마당에 두고 가렴. 나는 꼭 너희의 깃털이 필요하단다."

아난세가 집으로 돌아오니 부인과 아들이 엄청난 양의 새털 무더기 앞에서 어쩔 줄 모르고 서 있었어요.

"이 깃털을 내 몸에 붙여 주시오. 빨리 나를 새로 만들어야 하오."

아난세가 부인에게 말했어요.

순식간에 아난세는 온갖 색깔과 모양의 깃털로 덮인 새가 되었어요. 깃털로 싸인 가느다란 팔을 날개처럼 퍼덕거리자 아난세의 몸이 하늘로 날아올랐어요. 높이높이 날아오르니 하늘 저 멀리 왕이 사는 궁전이 보였어요. 아난세는 궁전의 정원으로 날아들었지요. 왕과 늙은 신하들이 커다란 나무 그늘 아래에서 이야기를 나누고 있었어요. 아난세는 그들의 이야기를 듣기 위해 나무 위쪽 높은 가지에 내려앉았답니다.

"거참 요상하게 생긴 새가 아닌가?"

왕이 새를 보고 묻자 한 신하가 말했어요.

가나

"아난세를 불러 물으시지요? 그라면 어떤 새인지 알 것입니다."

그 말을 듣고 왕은 아난세에게 내린 불가능한 임무에 대해 이야기했어요.

"이제 더 이상 아난세가 잘난 척하며 대답하는 것을 볼 수 없을 거야. 그 생각을 하니 기분이 아주 좋다네."

"정말 좋은 생각입니다. 그런데 진정 왕이 원하시는 보물이 대체 무엇입니까?"

"내가 원하는 보물은 저승사자 집에 있는 황금 신발과 황금 빗자루야. 하지만 저승사자의 집에 갔다 살아 돌아온 사람은 아무도 없었어. 그러니 아난세가 만약 보물이 무엇인지 알고 찾으러 간다 해도 저승사자에게 당하고 말 것이 아닌가. 아난세의 목숨은 이제 끝난 셈이지."

아난세는 왕과 신하들의 웃음소리를 뒤로하고 하늘로 날아올랐어요. 아난세가 집으로 돌아오자 아내는 그의 몸에서 새의 깃털을 모두 떼어 주었어요. 그리고 왕의 임무를 수행하기 위해 길을 떠나는 아난세에게 음식을 준비해 주었습니다.

집을 떠난 아난세는 몇 시간을 걸어 물살이 거센 강가에 도착했어요. 강을 건널 수 있는 길을 찾아 두리번거리던 아난세는 배가 고파 우선 먹을 것을 좀 먹기로 했어요. 음식을 막 입에 넣으려는 순간 좀 나눠 달라고 말하는 거센 물소리가 들려왔어요.

'언제 친구가 필요할지도 모를 일이지.'

아난세와 불가능한 임무

아난세는 자기 음식의 반을 떼어 빠른 물살 속으로 던져 주었어요. 곧 물살이 느려지더니 그 사이로 건너갈 수 있는 징검다리가 나타났어요. 강이 음식을 먹는 동안 아난세는 안전하게 반대편으로 건너갈 수 있었지요.

어느새 아난세는 저승사자가 사는 커다란 회색 집에 도착했어요. 저승사자 집으로 예고 없이 찾아오는 손님이 흔치 않았기 때문에 저승사자는 아난세를 크게 반겨 주었어요. 아난세가 자기 소개를 하자 저승사자가 음흉한 웃음을 지우며 물었어요.

"하룻밤 자고 가지 않겠는가?"

"친절에 감사할 따름이죠."

아난세가 대답했어요. 하지만 아난세는 저승사자 집에서 한번 잠이 들면 아침이 되어도 깨어날 수 없다는 사실을 이미 잘 알고 있었답니다.

어둡고 먼지가 많은 손님 방 한가운데에는 부드러운 깃털이 깔린 커다란 침대가 있었고, 따뜻하고 아늑한 이불도 준비되어 있었지요. 아난세는 침대에 누웠지만 온몸을 꼬집어 가며 잠이 들지 않도록 노력했어요. 그때 문이 열리더니 저승사자가 들어왔어요.

"아직 안 자는가?"

"네, 사실 전 발에 황금 신발을 신지 않으면 잠을 잘 못 잔답니다. 혹시 당신 집에 황금 신발이 있을 리는 없겠지요?"

"오, 마침 있다네. 내가 당장 가져다주지."

아난세와 불가능한 임무

저승사자가 얼른 아난세에게 황금 신발을 가져다주었어요. 아난세가 어떻게 잠을 자지 않고 밤을 지새웠는지는 아무도 모른답니다. 다음 날 아침 아난세는 황금 신발을 꼭 쥐고 부엌으로 내려갔어요. 저승사자가 현관 앞에 앉아 있었는데, 파리 한 마리가 그의 머리 위를 윙윙 날아다니며 화를 돋우고 있었지요.

"제가 파리를 잡아드릴게요."

아난세는 옆에 있던 빗자루를 집어 들었어요. 바로 황금 빗자루였지요!

아난세는 빗자루를 집어 들고 파리를 쫓는 시늉을 하며 마구 휘둘렀어요. 어느새 아난세는 파리를 쫓아 현관을 나서더니 저쪽 모퉁이 뒤로 사라졌지요. 손에 황금 신발과 빗자루를 꼭 쥔 채로 말이에요. 저승사자의 집이 보이지 않게 되자 아난세는 있는 힘을 다해 뛰었어요. 한참이 지나서야 저승사자는 아난세의 꾀에 넘어 간 것을 깨닫고 바람처럼 빠르게 아난세를 쫓아갔답니다.

아난세가 험한 강에 이르렀을 때 저승사자가 쫓아오는 소리가 바로 뒤에서 들렸어요. 이 강은 바로 그 전날 아난세가 건넜던 강이었지요.

"강아, 내가 어제 너에게 주었던 맛있는 음식을 생각해서 나를 좀 도와주렴. 나를 잡으려고 저승사자가 따라왔단다. 네가 도와주지 않으면 난 잡히고 말 거야. 제발 부탁한다."

아난세의 말이 끝나자마자 강 위로 징검다리가 나타났어요. 아난세가 강을 건너자 강물은 순식간에 큰 호수로 변해 저승사자의 길을 막았어요.

가나

　무사히 집에 도착한 아난세는 황금 신발과 빗자루를 자루에 넣고 궁으로 갔어요.
　왕은 따가운 햇살을 피해 정원의 나무 그늘에 앉아 있었어요. 그때 왕의 눈에 아난세가 보물을 들고 다가오는 모습이 보였어요.
　"왕이여, 내가 당신이 원하는 보물을 가지고 왔습니다. 무슨 보물을 원했던 것인지 이제 말해 주십시오."
　신하들이 옆에서 보고 있었기 때문에 왕은 하는 수 없이 자신이 원한 보물은 저승사자의 황금 신발과 빗자루였다고 사실대로 말했어요. 아난세가 그 보물을 주머니에서 꺼낼 때 왕의 표정을 여러분이 봤어야 하는데! 왕은 화가 나 펄쩍펄쩍 뛰었지만 약속한 대로 아난세에게 많은 땅과 벼슬을 주었답니다.
　아난세가 궁을 나서려 할 때 왕이 예전에 정원에서 보았던 이상한 새를 떠올리고는 그 새가 혹시 아난세였는지 물었어요. 언제나처럼 재치 있는 대답을 하려던 아난세는 문득 때로는 아무것도 모르는 것처럼 보이는 것이 더 현명하다는 생각이 들었답니다. 그래서 아무 말도 하지 않았지요. 아난세의 행동을 통해 여러분은 무엇을 느꼈나요?

　　　쿵시 쿵시 이야펠라

수단

수단은 아프리카에서는 첫 번째, 세계에서는 열 번째로 큰 나라입니다. 아프리카 대륙의 동북부에 위치하며, 동쪽으로 홍해와 에티오피아, 북쪽으로 이집트, 서쪽으로 차드 그리고 남쪽으로 우간다와 콩고 민주 공화국 등의 나라를 접하고 있지요.

수단은 1956년에 독립한 후 자주 국가 정부를 수립했어요. 다음에 소개할 이야기는 술탄이 나라를 통치하고 왕위를 아들에게 계승하던 시대를 배경으로 하고 있어요. 오늘날의 수단은 국민 투표로 선출된 대통령이 통치하고 있지요.

세계에서 가장 긴 강, 나일 강이 남쪽에서 북쪽으로 수단을 완전히 가로질러 흐르고 있어요. 나일 강은 또한 고대 이집트 때부터 아주 오랫동안 사람과 동물에게 매우 중요한 식수 자원이었답니다.

✳ 수단은 지구상에서 가장 다양한 사람들과 언어가 있습니다. 600개가 넘는 민족들이 400개 이상의 서로 다른 언어를 사용하고 있지요.

✳ 수단은 농업 국가예요. 그래서 대부분의 국민들은 공장이나 사무실에서 일하기보다는 땅을 경작하고 가축을 기르는 일에 더 많이 종사한답니다.

✳ 대부분의 국민들은 아주 작은 마을에 거주하거나 낙타와 양 같은 가축 떼를 부리며 사막을 여행하는 유목민이랍니다. 큰 도시가 몇 개 있지만 그곳에 거주하는 인구는 전체의 1/3에 지나지 않지요.

✳ 수단 사람들은 중동 지역에서 흔히 볼 수 있는 옷을 입어요. 남자들은 발목까지 내려오는 '갈라비야'라고 불리는 흰 가운을 입고, 여자들은 '토베'라고 불리는 형형색색의 긴 옷을 입고 다니지요.

✳ 수단의 북부에 있는 누비아는 나일 강의 계곡 안에 광범위하게 걸쳐 있는 지역으로, 200개가 넘는 고대 피라미드가 남아 있는 세계적인 문화 유적지랍니다. 이 피라미드 중에는 고대 수단의 두 종족인 나파타와 메로에 왕국의 여왕 전사의 피라미드도 있지요.

지혜로운
어머니 이야기

옛날 옛적에 한 술탄이 아내와 외동아들과 함께 살고 있었어요. 아들의 이름은 자랄이었고, 부모는 그를 매우 자랑스럽게 여겼지요. 자랄은 현명했고 용기가 있었으며 강인했고, 아버지를 닮아 자비롭기까지 했어요. 어른이 된 자랄은 모두에게 사랑 받는 왕자가 되었지요.

어느 날 술탄이 병이 들자 자랄은 아버지의 병을 낫게 할 방법을 열심히 찾아다녔어요. 경험이 많은 약사들과 의사들을 계속 데려왔지만 누구도 늙은 왕의 병을 고칠 수 없었고, 병세가 악화되어 왕은 결국 세상을 떠나고 말았지요. 온 백성은 훌륭한 지도자를 잃고 매우 슬퍼하였답니다.

그의 아들 자랄이 새로운 술탄이 되었어요. 자랄의 어머니는 외아들인 그를 몹시 사랑했답니다. 어머니 또한 매우 현명한 사람으로 백성들의 많은 존경을 받았어요. 어머니는 모두가 자랄을 좋아하는 것을 알고 있었지만 항상 그를 걱정하여 필요할 때마다 충고를 하였지요.

어느 날 어머니가 아들에게 말했어요.

"아들아, 친구라 불리는 이들을 조심하거라. 그들의

대부분은 오직 너의 돈과 권력에만 관심이 있단다. 친구를 사귈 때는 천천히 그리고 현명하게 행동해야 한단다."

젊은 술탄이 그 말을 듣고 놀라 물었어요.

"하지만 어머니, 제가 그런 나쁜 친구를 어떻게 알 수 있나요?"

어머니는 자랄에게 우선 친구가 될 만한 사람을 고르면 나중에 알려 주겠다고 했어요. 자랄은 어느 장사꾼의 아들과 사귀었어요. 두 사람은 꽤 많은 시간을 함께 보내며 우정을 쌓아 가는 듯했어요. 그러던 어느 날, 어머니가 자랄에게 그 친구를 아침 식사에 초대하라고 했어요.

친구가 궁을 방문하고, 두 사람은 음료를 마시며 이야기를 나누었어요. 하지만 두 사람 모두 문 쪽을 바라보며 왜 하인들이 음식을 내오지 않을까 궁금해 했지요. 둘은 점점 배가 고파왔어요. 하지만 자랄의 어머니는 하인들에게 아무 음식도 내가지 못하게 하였답니다. 정오가 되어서야 겨우 달걀 3개가 나왔어요. 두 젊은이는 까닭을 알 수 없었지만 묵묵히 달걀을 먹기 시작했어요. 자랄이 하나를 먹자 친구가 다른 하나를 먹었어요. 친구는 남은 달걀 하나를 집어 자랄에게 주었답니다. 나중에 어머니가 친구가 남은 달걀을 어떻게 했냐고 묻자 자랄은 사실대로 말했지요. 그러자 어머니는 이렇게 충고했어요.

"그와 친구하지 말거라. 그는 자신보다 너를 더 좋아한다고 믿게 하려고 거짓 행동을 하는 나쁜 사람이다."

수단

그래서 자랄은 그 친구와 작별하고 다른 친구를 찾아야 했어요.

이번에 사귄 친구는 장군의 아들이었는데 둘은 금방 친한 친구가 되었어요. 어머니는 그 친구도 역시 아침 식사에 초대하여 궁으로 들어오게 하였지요. 지난번과 같이 어머니는 정오가 되어서야 달걀 3개를 내놓았답니다. 자랄과 친구는 달걀을 하나씩 나눠 먹었지요. 그리고 친구는 남은 마지막 남은 달걀을 먹어 치우고 집에 가 버렸어요. 이를 본 어머니가 말했어요.

"그는 좋은 친구가 아니란다. 보다시피 매우 이기적이어서 기회가 생기면 네 돈을 가로챌 것이다."

어머니는 자랄에게 세 번째 친구를 찾으라고 했어요. 하지만 이곳저곳을 가 보아도 친구를 찾는 것이 쉽지 않았어요. 자랄은 어머니가 대체 어떤 친구를 원하는 것인지 점점 궁금해지기 시작했어요.

그러던 어느 날, 자랄이 숲 속을 걷고 있을 때 나무꾼과 그 아들을 만났어요. 마침 나무꾼의 아들은 자랄과 같은 또래였어요. 자랄이 두 사람에게 인사를 건네자 나무꾼이 자랄을 불러 함께 음식을 나누어 먹었어요. 비록 소박한 음식과 낡은 물병에 담긴 물뿐이었지만 자랄은 즐거운 시간을 보냈어요. '칼리드'란 이름의 나무꾼 아들은 자랄에게 재미있는 이야기를 들려주고 여러 가지 놀이도 가르쳐 주었답니다. 또한 숲 속을 구경시키고 나무하는 이런저런 기술도 보여 주었지요. 어느새 둘은 마음을 터놓고 이야기를 나누며 즐겁게 웃고 있었어요.

지혜로운 어머니 이야기

젊은 술탄은 전에는 느낀 적이 없었던 행복과 즐거움을 느꼈답니다. 집으로 돌아온 왕은 어머니에게 칼리드를 만난 일을 말하지 않았어요. 하지만 늘 나무꾼 아들 칼리드를 생각했지요. 왕은 새로운 친구를 자주 만나러 갔어요. 그때마다 왕은 칼리드에게서 삶의 역경을 헤쳐 나가는 방법을 배웠답니다. 왕은 아직 친구에게 자신의 신분을 밝히지 않았어요. 자랄은 칼리드와 보통 사람들이 하는 것처럼 천천히 서로를 알아가며 우정을 쌓고 싶었어요. 그러던 어느 날 칼리드는 자랄이 왕이란 사실을 알게 되었고, 자신은 왕의 친구로 어울리지 않는다고 말했어요. 하지만 자랄은 친구를 붙잡으며 이렇게 말했답니다.

"너와 내가 친구가 되지 말라는 법은 세상 어디에도 없어. 너는 여태껏 내가 만난 사람들 중에 가장 나와 잘 통하는 사람이야."

그래서 자랄과 칼리드는 계속 친구 사이로 남았어요. 궁으로 돌아온 자랄의 옷은 더럽혀져 있었고, 볼에는 상처가 나 있곤 했어요. 어떤 날은 무릎과 팔에 상처가 나서 돌아왔지만 어머니는 잠자코 있었답니다. 어머니 또한 자랄이 숲에서 돌아올 때면 정말 행복한 기분이라는 것을 알고 있었어요.

결국 어느 날 어머니가 물었어요.

"아들아, 이제는 네 친구의 이름을 좀 알려 다오."

"칼리드예요. 그리고 어머니, 전 그 친구가 무척 좋아요."

자랄이 대답했어요. 그는 지금까지 칼리드와 얼마나 좋은 시간을

지혜로운 어머니 이야기

보냈는지 모두 말씀드리고, 칼리드가 매우 현명한 청년이라는 사실도 전했답니다.

"그럼, 그 친구를 아침 식사에 초대하거라."

어머니가 말했어요. 자랄은 이번에도 친구와 이별해야 할지도 모른다는 두려움에 안절부절못했고, 칼리드 또한 궁에 초대 받았다는 사실에 매우 초초해 했지요.

새들이 지저귀는 어느 화창한 날, 칼리드는 궁에 초대되어 친구 술탄과 조용히 마주 앉았어요. 드디어 어머니의 시험이 시작되었고, 몹시 배가 고픈 두 청년에게 뒤늦게 3개의 달걀이 나왔답니다. 둘이서 하나씩 먹고 하나가 남자, 칼리드는 주머니에게 칼을 꺼내 마지막 달걀을 반으로 나누었어요. 반쪽은 자랄에게 주고 나머지 반쪽을 자신이 먹었지요.

칼리드가 돌아간 뒤 달걀을 어떻게 나누어 먹었는지를 들은 어머니가 이렇게 충고했어요.

"칼리드는 자신에게도 그리고 너에게도 정직한 사람이란다. 비록 가난할지라도 너에게 진정한 친구가 될 것이다."

자랄은 어머니의 충고를 따르기로 했어요. 칼리드가 정직하고 현명한 젊은이라고 확신한 자랄과 어머니는 훗날 그를 수상에 임명하였고, 자랄과 칼리드는 평생토록 좋은 친구로 지냈답니다.

코시 코시 이야펠라

에티오피아

에티오피아는 '아프리카의 뿔'이라 불리는 아프리카 동부에 위치한 커다란 나라예요. 아프리카 대륙에서 뿔처럼 튀어나온 이 지역은 수백 킬로미터에 이른답니다. 총 인구가 칠천만 명이 넘는 에티오피아는 아프리카에서 인구 밀도가 가장 높은 나라일 뿐만 아니라 매우 풍요로운 문화와 역사를 가지고 있어요.

에티오피아는 북쪽으로 에리트레아, 남쪽으로 케냐, 서쪽으로 수단, 동쪽으로 소말리아와 국경을 접하고 있어요. 아프리카에서 가장 높은 산의 80퍼센트가 이곳에 있지요. 이렇게 험난한 산으로 둘러싸여 있기 때문에 에티오피아는 역사적으로 다른 나라의 영향을 거의 받지 않았어요. 그래서 자신들만의 고유한 전통을 지킬 수 있었답니다. 그리고 오늘날에는 옛 전통과 새로운 문물이 함께 어울려 있는 현대적인 국가가 되었지요. 다음에 소개할 이야기가 바로 그런 예를 잘 보여 주고 있답니다.

또한 에티오피아 문화에서 음식은 매우 중요한 역할을 합니다. 이야기 속에서 상인에게 음식을 대접하는 왕처럼 누군가와 음식을 나눠 먹는 것은 에티오피아에서는 상대에게 지극한 경의를 표하는 행동이랍니다.

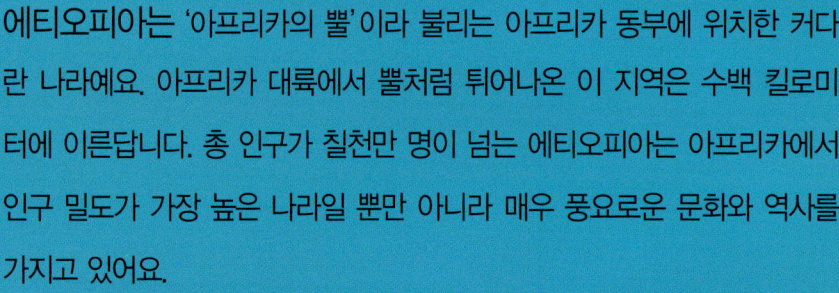

✽ 에티오피아는 아프리카 대륙에서 유일하게 식민지가 되지 않았던 나라입니다. 세계에서 기독교를 맨 처음으로 받아들인 나라 가운데 하나이기도 하지요.

✽ 에티오피아가 '인류의 발상지'로 유명한 이유는 지구상에서 가장 오래된 인류의 화석이 발견되었기 때문이에요. 그중에는 580만 년 전 화석도 있답니다.

✽ 에티오피아의 공식 언어는 암하라 어이고, 영어와 프랑스 어, 이탈리아 어, 아랍어 등도 많이 쓰고 있지요.

✽ 에티오피아의 대표 음식을 '워트'라고 부르지요. 워트는 죽의 한 종류로 많은 민속 요리에 사용되고 있는 매운 반죽인 베르베르로 만든답니다.

✽ 아프리카의 다른 나라들처럼 에티오피아 사람들도 식사 때 포크와 나이프를 사용하지 않아요. 대신 '인제라'라고 불리는 납작하게 생긴 발효 빵을 이용해 음식을 떠먹는답니다.

✽ 에티오피아에서는 음식을 메솝에 담아 먹어요. 메솝은 밝은 색깔로 짠 바구니로 뚜껑이 있어 음식을 보관할 수도 있답니다.

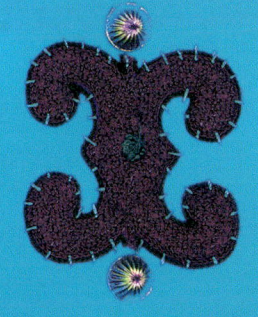

모든 것은 변하고
또 지나간다

옛날에 에티오피아의 방방곡곡을 돌아다니며 장사를 하는 한 상인이 있었어요. 어느 날 상인은 길을 가다가 마을 사람들이 잔뜩 모여 있는 것을 보았어요.

'대체 무슨 일일까?'

궁금해진 상인은 얼른 사람들 틈에 끼었어요. 모두가 구경하고 있는 것은 밭을 가는 한 농부였답니다. 그 농부가 자기 자신에게 채찍질을 하고 있었기 때문이지요.

"어서 계속하지 못해! 이 아무 데도 쓸모없는 게으름뱅이 같으니라고."

그가 소리를 쳤어요.

"더 세게 끌어야지!"

그러고는 쟁기를 메고 온 힘을 다해 밭을 갈았답니다. 농부의 등에서는 땀이 비 오듯 쏟아졌지만 농부는 자신이 너무 부족하다고 생각하는 듯했어요. 상인은 그 광경이 너무 슬프고 처량해 눈물을 흘렸어요.

농부가 상인을 보고 이렇게 말했어요.

"나를 위해 울지 마세요, 저 때문에 당신이 가던 길을 멈추면 안 되지요."

상인은 농부의 용기와 당당함에 감명을 받았어요.
"그렇지만 이건 잘못된 일입니다. 사람이 소처럼 쟁기를 메고 끌다니, 이것은 너무 잔인합니다."
그러자 농부가 말했어요.
"친구, 내 말을 잘 들어 봐요. 모든 것은 변하고 다 지나갑니다. 그러니까 나의 이 고통도 사라질 거예요."
상인은 고개를 흔들며 그 자리를 떠나 갈 길을 재촉했답니다. 그리고 몇 년 뒤에 같은 곳을 지나게 되자 예전에 보았던 이해할 수 없는 광경이 다시 떠올랐어요.
그가 지나가던 여인에게 물었어요.
"몇 년 전에 바로 이 자리에서 어떤 농부가 소 대신 쟁기를 끄는 것을 본 적이 있소. 혹 그가 어떻게 되었는지 알고 있소? 그가 살아 있답니까?"
그러자 여인이 웃으며 대답했어요.
"그럼요, 그 농부는 죽지 않았어요. 하느님이 그를 돌봐 주시고 그 고통을 불쌍하게 여기셨답니다. 지금 그 사람은 하느님이 내린 부와 영광으로 이곳의 왕이 되었지요."
상인은 자신의 귀를 의심했어요.
"뭐라고요? 아니 어떻게 짧은 시간에 농부에서 왕이 될 수가 있답니까?"

에티오피아

"사실이에요. 정 내 말을 못 믿겠다면 직접 가서 확인하세요."
여인의 대답에 상인은 서둘러 왕이 있는 궁궐로 갔어요. 문을 통과하니 과연 기억 속의 그 농부가 좋은 옷을 입고 사람들에게 둘러싸여 왕좌에 앉아 있었어요. 상인은 너무 기쁜 나머지 소리 내어 크게 웃고 말았어요. 왕이 웃음소리를 듣고 상인을 불러 물었어요.
"못 보던 사람인데 너는 대체 누구인고? 그리고 왜 웃었느냐?"
"몇 년 전에 이곳을 여행할 때, 소 대신 쟁기를 메고 일하던 당신을 보았지요. 그때는 그 모습에 마음이 아파 눈물을 흘렸어요. 오늘 마침 이곳을 지나다가 당신의 소식을 듣고 직접 눈으로 확인하려고 달려왔답니다. 그리고 당신의 행운을 보고 기뻐 웃은 것입니다."
상인이 대답했지요.
"자, 내 옆으로 와 앉게. 나와 함께 먹고 마시게나."
왕은 상인을 가까이 불러 음식을 나누어 먹고 선물도 주었답니다.
식사를 마칠 때가 되자 왕이 말했지요.
"나의 친구여, 하느님이 쟁기를 진 나를 기억하는 너에게 축복을 내리실 것이다."
"어찌 제가 당신을 잊겠습니까! 당신의 이런 모습을 보다니 참으로 기쁘군요. 정말 훌륭합니다."
상인이 다시 울음을 터뜨렸어요.
"하지만 모든 것은 변하고 또 지나가는 법, 지금의 내 부도 언젠가

모든 것은 변하고 또 지나간다

　는 사라질 것이네."

　상인은 길을 떠났고 몇 년 후에 다시 그곳에 들르게 되었어요. 도착하자마자 그는 궁궐로 달려가 왕이 얼마나 편한 생활을 하고 있는지 확인하려 했지요. 궁궐 문을 들어서니 한 번도 본 적이 없는 왕이 왕좌에 앉아 있었어요.

　"저이는 누구지요? 예전 왕은 어떻게 되었나요?"

　상인이 옆에 있던 사람에게 물었어요.

　"그 늙은 왕은 돌아가셨고, 지금은 저 사람이 왕입니다."

　남자가 대답하였어요. 상인은 고개를 떨구고 눈물을 삼켰어요.

　"내가 가서 조의를 표하려 하니 왕의 무덤을 알려 주시오."

　사람들이 늙은 왕이 묻힌 곳으로 그를 데려갔어요. 달콤한 풀 향기가 바람에 실려 왔고 나무는 무덤 위에 그늘을 드리우고 있었어요. 상인이 왕의 비석에 새겨진 글을 또박또박 읽어 내려갔어요.

　"모든 것은 변하고, 또 지나간다. 지금 이것조차도 사라질 것이다."

　많은 세월이 흐른 뒤, 노인이 된 상인이 다시 이 마을을 지나게 되었어요. 상인은 왕의 무덤이 보고 싶어 부랴부랴 달려갔어요. 어떤 일이 있다 하더라도 무덤은 잘 있을 것이라고 생각했지요. 무덤이 바뀔 리도 없고 사라질 리도 없으니까요.

　하지만 그곳에는 새로운 도시가 들어서 있었고, 옛 무덤가는 사라져 버린 뒤였어요. 풀과 그늘을 만들어 주던 나무 그리고 비석까지도

에티오피아

모두 없어졌지요. 일꾼들이 벽돌과 판유리를 옮기고 있었고, 커다란 트럭이 엄청난 양의 모래와 시멘트를 쏟아 내고 있었어요. 상인이 한 일꾼에게 물었어요.

"여보게, 예전에 이곳에 무덤이 하나 있었다네. 그리고 '모든 것은 변하고 또 지나간다. 이것 또한 사라질 것이다.' 라고 쓰여진 비석이 있었는데 혹 어디 갔는지 아는가?"

"아, 그 비석 말이죠? 생각나요."

일꾼이 대답했어요.

"하지만 이제는 찾지 못할 거예요. 보시다시피 이렇게 큰 건물들이 그 위에 들어서 있잖아요."

상인은 고개를 들어 일꾼이 가리키는 곳을 바라보았어요. 그곳에는 멋지게 생긴 현대식 빌딩과 반짝이는 유리창이 하늘 높이 솟아 있었어요. 그가 고개를 저으며 중얼거렸어요.

"내 친구의 말이 정말 맞구나. 모든 것은 변하고 또 지나가는 법. 그래, 이 멋진 건물 또한 사라질 날이 오겠지."

코시 코시 이야펠라

참고 자료

아프리카

- 「아프리카의 목소리」, 스미소니언 자연사 박물관
  http://www.mnh.si.edu/africanvoices/ (2005년 11월 22일자)
- 스티븐 데이비스, 「선조들의 노래」, 아프리카지오그래픽 (2007년 여름호)
- K.C 맥도널드, 「그리오: 아프리카의 전통 구연가」,
  http://www.pbs.org/wonders/fr_cc.htm (2005년 11월 22일자)
- 「아프리카에서」, 내셔널지오그래픽
  http://www.nationalgeographic.com/ africa/ (2005년 11월 3일자)
- 「아프리카 이야기」, BBC
  http://www.bbc.co.uk/worldservice/africa/features/storyofafrica/ (2005년 11월 22일자)

나미비아

- 「나미비아」
  http://www.globaladrenaline.com/africa/namibia/ (2005년 12월 16일자)
- 「나미비아」, http://www.exploreafrica.net/nam_geo.php
  (2005년 12월 13일자)
- 「나미비아」, 내셔널지오그래픽
  http://www3.nationalgeographic.com/places/countries/country_namibia.html (2005년 12월 13일자)
- 「나미비아의 식물」
  http://www.namibia-travel.net/namibia/flora.htm (2005년 12월 16일자)
- 「나미비아 공화국」, http://www.grnnet.gov.na/ (2005년 12월 13일자)
- 「센족」, 브리태니커 백과사전
  http://www.britannica.com/ebc/article-9377634 (2005년 12월 21일자)

말라위

- 「말라위 문화에 대하여」
  http://www.friendsofmalawi.org/learn_about_malawi/culture.html
  (2005년 12월 15일자)

- 스티븐 프래이션, 「춤의 예언: 텀부카족의 치료 음악 경험담」, 시카고 대학 출판사 (1996년)
- 거하드 쿠빅, 「크웰라 음악 설명」, 사이언티픽 아프리칸 (2005년 3월 4일)
  https://www.scientific-african.org/archives/kachamba/info8/view?searchterm=malawi (2006년 1월 3일자)
- 「말라위: 언어 속 의미」, BBC
  https://www.scientific-african.org/archives/kachamba/info8/view?searchterm=malawi (2006년 1월 3일자)
- 「말라위: 사람과 풍속」, http://www.africaguide.com/country/malawi/culture.htm (2005년 12월 15일자)
- 「치료 춤 빔부자」, 유네스코 http://www.unesco.org/culture/intangible-heritage/21afr_uk.htm (2006년 1월 6일자)

레소토

- 리타 바이런스, 「스와지, 소토 그리고 데벨 주」
  http://countrystudies.us/south-africa/10.htm (2006년 1월 3일자)
- 「레소토」 http://www.lesotho.gov.ls/home/ (2006년 1월 3일자)
- 「레소토」 http://www.go2africa.com/lesotho/ (2006년 1월 4일자)
- 「츠와나 족」 http://www.encounter.co.za/article/94.html
  (2006년 1월 3일자)

스와질란드

- 「스와질란드 자연 보호 구역의 탄생」
  http://www.biggameparks.org/conserv_birthofconservation.html
  (2005년 12월 20일자)
- 제임스 헐, 「밀렵이 감소하고 있는 스와질랜드」
  http://www.biggameparks.org/conserv_birthofconservation.html
  (2005년 12월 20일자)
- 「스와질란드 과일 축제 은콸라」
  http://www.pilotguides.com/destination_guide/africa/south_africa_and_lesotho/ncwala.php (2005년 11월 21일자)

◆ 「스와질란드」 http://www.lonelyplanet.com/worldguide/destinations/africa/swaziland/ (2005년 11월 21일자)

세네갈

◆ 「문화적 배경」 http://www.amadou.net/da/cultya.html (2006년 1월 13일자)

◆ 「샤헬」, PBS http://www.pbs.org/wnet/africa/explore/sahel/sahel_overview.html (2005년 12월 4일자)

◆ 「세네갈」 http://www.africaguide.com/country/senegal/index.htm (2006년 1월 12일)

◆ 「세네갈」, http://www.lonelyplanet.com/worldguide/destinations/africa/senegal?poi=106213 (2006년 1월 24일자)

◆ 「세네갈」, 콜롬비아 백과사전 6차 개정판, 뉴욕 콜롬비아 대학 출판사 http://www.bartleby.com/65/se/Senegal.html (2006년 1월 24일자)

가나

◆ 「가나의 북과 춤」 http://www.ghanaexpeditions.com/main/index.asp (2006년 1월 5일자)

◆ 「드럼 실제 가이드」 http://www.drumsongstory.org/field_guide_to_the_drums.htm (2006년 1월 6일자)

◆ 「가나」, 마이크로소프트 온라인 백과사전 엔카타 2005 http://encarta.msn.com (© 1997-2005 Microsoft Corporation all rights reserved)

◆ 「가나 인과 그 문화」 http://www.africaguide.com/country/ghana/culture.htm (2006년 1월 5일자)

◆ 제랄드 맥더모트, 「거미 아난세: 아샨티 족의 전설」, 라이하트 윈스턴 출판 (1971년)

◆ 조넷 스테버트, 「낮은 땅에서의 상류층 생활」 http://www.expatica.com/actual/article.asp?subchannel_id=66&story_id=177 (2006년 1월 5일자)

수단

◆ 티모시 카니, 「수단: 그 땅과 사람」, 워싱턴 대학 출판사 (2005년)

◆ 「수단」 http://www.infoplease.com/ipa/A0107996.html (2006년 1월 15일자)

◆ 「수단」, 콜롬비아 백과사전 6차 개정판, 뉴욕 콜롬비아 대학 출판사 http://www.bartleby.com/65/se/Sudan.html (2007년 1월 15일자)

◆ 「수단 사람들과 그 사회」, 옥스팜 http://www.oxfam.org.uk/coolplanet/kidsweb/world/sudan/sudpeop.htm (2006년 1월 15일자)

에티오피아

◆ 「국가 프로필: 에티오피아 편」, BBC http://news.bbc.co.uk/1/hi/world/africa/country_profiles/1072164.stm (2006년 2월 2일자)

◆ 「에티오피아」, 브리태니커 백과사전 http://concise.britannica.com/ebc/article-9363950/Ethiopia (2006년 2월 2일자)

◆ 「에티오피아 음식」 http://www.foodbycountry.com/Algeria-to-France/Ethiopia.html (2006년 2월 1일자)

◆ 해럴드 G. 마커스, 「에티오피아의 역사」, 캘리포니아 대학 출판사 (1994년)

94~95쪽에는 아프리카 공예품의 전통적인 상징물이 그려져 있어요. 각 상징물은 아래와 같이 특별한 의미를 가집니다.

94~95쪽 위 그림: '덴캠' – 변화와 적응력, '오도 니우 피에 콴' – 사랑은 반드시 돌아와요, '아난세 톤탄' – 지혜와 창의력, '온얀쿠폰 아돔 티 브리리비아라 베에 예' – 희망과 믿음, 신의 뜻.

94~95쪽 아래 그림: '포포' – 질투와 시기, '댐댐' – 총명과 교묘함, '뮤수이디' – 부와 거룩함, '드웬님맨' – 겸손과 활력.

면지에 사용된 별 그림: 아난세의 상징.

  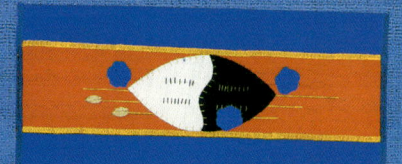 

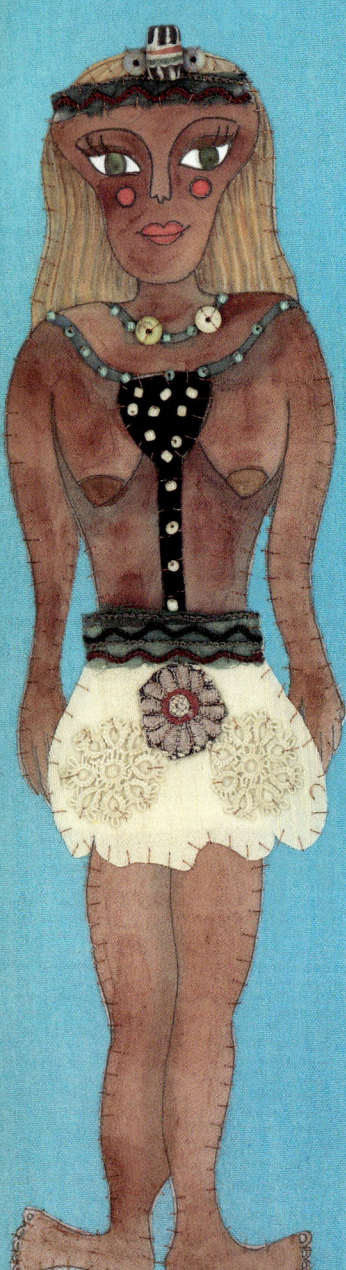

지은이 | 씨나 믈로페
1959년에 남아프리카 공화국 카와줄루 나탈에서 태어났다. 잡지 「아프리카 작품」이 뽑은 8명의 남아공 작가 가운데 한 사람이자 공연가이며, 남아공 최고의 이야기꾼이기도 하다. 직접 만든 텔레비전 프로그램 「지나와 친구들」로 큰 인기를 끌었고, 독일어로 발표한 「푸두가지의 마술」로 세계에 이름을 알리기 시작했다. 자신의 성장기를 무대에 올린 「잔딜리를 보셨어요?」로 조셉 제퍼슨 여우주연상 등을 수상, 이후 이 작품은 아프리카 문화를 대표하는 연극으로 세계에서 공연되고 있다. 남아공 '책의 어머니'로 불리는 저자는 도서관 설립을 통한 문맹 퇴치에 앞장서고 있으며, 어린이를 위한 아프리카 구전 문학 연구로 런던 오픈 유니버시티와 나탈 대학에서 명예 박사 학위를 받았다. 2006년 독일 월드컵 폐막식에서는 남아공 대표단의 한 사람으로 참여하여 이양 공연을 펼쳤다. 지금은 남아프리카 더반에서 남편, 딸과 함께 살고 있다.

그린이 | 레이첼 그리핀
여러 종류의 천, 구슬, 도장 그리고 다른 작은 소품들을 섞어 화려하게 장식한 그림으로 유명하다. 여행을 다니면서 직접 수집한 자료에 대한 열정이 레이첼의 작품 곳곳에 잘 드러나 있다. 풍부하고 선명한 표현 방식은 다른 책 「깃털로 만든 외투」와 「크리스마스의 열두 밤」에도 담겨 있다. 남편과 두 아이와 함께 현재 영국에서 살고 있다.

옮긴이 | 조선정
이화여자대학교 물리학과를 졸업한 뒤 한미 의회청소년 교류단과 제너럴 일레트릭사 한국지사, 삼성전자 캐나다 법인에서 일했다. 캐나다의 토론토, 산호세를 거쳐 현재 벤쿠버에서 살고 있으며, 초코북스 영어권 에이전트를 맡고 있다.

북비多문화 1
씨나 아줌마가 들려주는 아프리카 옛이야기

제1판 1쇄 발행일 2010년 7월 30일
제1판 2쇄 발행일 2012년 11월 12일

지은이 | 씨나 믈로페
그린이 | 레이첼 그리핀
옮긴이 | 조선정

펴낸이 | 이원균
펴낸곳 | (주)일월서각
출판등록 | 1977년 10월 6일(제10-73호)
주소 | (135-270) 서울시 강남구 도곡동 422-6 동영빌딩 3층
전화 | 02-3273-1493(대표)
팩스 | 02-3273-1494
이메일 | aimuse@ilwolbooks.com

ISBN 978-89-7440-228-0 77890

*값은 뒤표지에 있습니다.
*잘못된 책은 바꾸어 드립니다.

북비는 (주)일월서각의 아동·청소년 전문 출판 브랜드입니다.

이 도서의 국립중앙도서관 출판시도서목록(CIP)은 e-CIP 홈페이지(http://www.nl.go.kr/ecip)에서 이용하실 수 있습니다. (CIP제어번호: CIP2010002449)

African Tales written by Gcina Mhlophe and illustrated by Rachel Griffin
Text Copyright © 2009 by Gcina Mhlophe
Illustrations Copyright © 2009 by Rachel Griffin

First published in England in 2009 under the title, Africa Tales, by Barefoot Books Ltd.

All rights reserved. No part of this book may be used or reprodused
in any manner whatever without written permission except in the case of brief
quotations embodied in critical articles or reviews.

Korean Translation Copyright © 2010 by Ilwolbooks Publishing Inc.
Korean edition is published by arrangement with Barefoot Books Ltd.
through ChokoBux Agency.

이 책의 한국어판 저작권은 초코북스 에이전시를 통해 저작권자와 독점 계약한 (주)일월서각에 있습니다.
저작권법에 의해 한국 내에서 보호를 받는 저작물이므로 무단전재와 복제를 금합니다.